林家まる子の
カレーなる一族

林家まる子

鳳書院

Since 1972~2020

カレーなるファミリーヒストリー

Family History

浅草演芸ホールで両親と

母とニッコリ！

井の頭公園で父と

1972.12.14

まる子誕生!!

2008.12.28　2008.6.14　1997.5.30

Happy Wedding

WBC世界タイトルマッチ
inメキシコ

第一回環境寄席

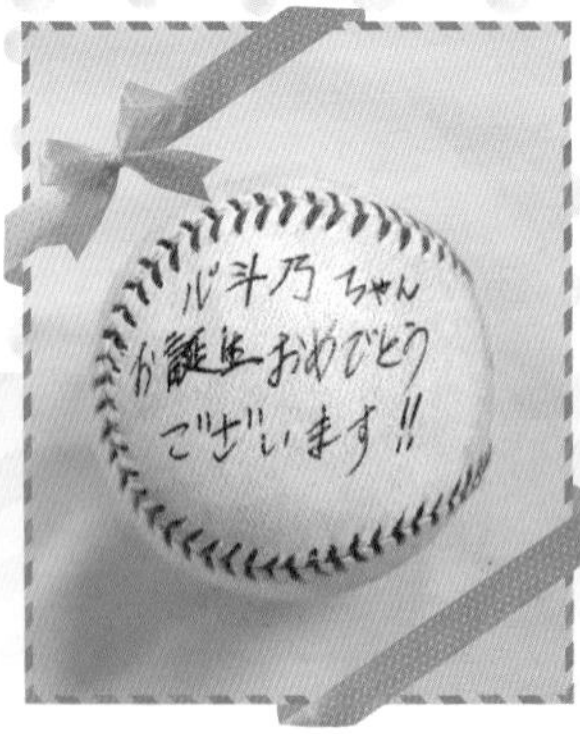

2012.8.24 Happy Birthday

岩隈久志選手からいただいた
日本時間で8月24日の勝利球

2012.8.23
ミネソタ・ツインズ
5勝目
Hisashi.I 18

カレーなる
ファミリーヒストリー
Since 1972~2020

アイドル街道まっしぐら!!

家族４人で

ねぎし三平堂プロデュース!

お正月にねぎしでおかみさんと

「そらまち亭・雲の上寄席」
in 東京スカイツリータウン

2018.8.31
新コンビ結成!!

2018.2.20
ライス亡くなる４日前
念願の孫との旅行（東京ドイツ村）

2019.3.22
環境大臣賞受賞

2020.Spring

カレーなる
ファミリーヒストリー
Since 1972～2020

はじめに

平成から令和《れいわ》へと時代が大きく移り変わるころ、わが家も大きな転機を迎えました。

長年にわたり、「林家《はやしや》ライス・カレー子」として、夫婦で漫才《まんざい》をしていた私の父・ライスが亡《な》くなり、思いがけず父からのバトンを受け取った私は、母・カレー子とともに「林家まる子・カレー子」として母娘《おやこ》漫才のコンビを結成。さらに、娘・心斗乃《ことの》（通称・こっちゃん）とともに、「まるちゃん＋こっちゃん」というユニットでＣＤデビューを果たすことになりました。

思い返せば晩年のライスは、「こっちゃんはおもしろい。こっちゃんとコンビを組んで母娘漫才をやったらどう？」と口癖《くちぐせ》のように言っていました。

「そんなことができるわけはない」と思っていた私は、父の提案をいつも聞き流していたのですが、気がついたら、こっちゃんは私たちの「環境寄席《よせ》」の舞台に立つようになり、やがて母娘のユニットでCDまでリリース。父の願いは、いつの間にか、叶《かな》っていたのです。

三世代が仲良くそろってお笑いの舞台に上がっている家族なんて、世界広しといえど、かなりめずらしいのではないでしょうか。

私たちはとても幸せな家族だと感謝でいっぱいです。

◇　◇

現在、日本の離婚率は高く、三組に一組は別れてしまうとか。長年連《つ》れ添《そ》ったパートナーと別れてしまう夫婦や、さまざまな理由で家族が離れ離れになるケースも……。

山あり、谷あり、涙あり。わが家も決して順風満帆《じゅんぷうまんぱん》だったわけではなく、危機は何度かありました。でも、笑いを届ける仕事をしている私の家が「家庭不和《ふわ》」「一家離散《りさん》」で笑えない状況では、お客さんだって笑えませんよね。

私は、両親がそうだったように、どんな困難が襲《おそ》ってきても、何があっても負けないで全部、笑い飛ばしていく。そんな「夫婦円満」「一家和楽」の家庭を目指して、日々、奮闘《ふんとう》中《ちゅう》です。

家族が仲良くなければ、地域が平和になるわけはありません。国だって、平和になるわけがありません。

◇　　　◇

人生は旅。旅を英語にすると「トラベル」。そして、トラベルは「トラブル」に通じます。

父が亡くなる前日に会場を予約してくれた「第30回 環境寄席」は林家ライス追善公演として盛大に開催された（2018年5月19日　東京・武蔵野公会堂）

そう、人生はトラブルありきなのです。

「トラブルがあってあたりまえ。何もないのが不思議」

そう構えていると、トラブルごとにパニックにならず、だいぶ心が楽だなと最近感じています。

「ピンチはチャンス！」

「トライ＆エラーで成長する」

「大悪《だいあく》起これば大善来《だいぜんきた》る」

「冬は必ず春となる」

何度失敗しても、何度挫折《ざせつ》しても、遠回りしても、前へ前へと負けないで進み続けているわが家族は、私の誇《ほこ》りであり、最大にリスペクト（尊敬）しています。

中学を卒業して芸人になり、波瀾万丈《はらんばんじょう》の人生の末、生涯現役大勝利の姿で天寿を全《まっと》うした父・ライスをリスペクト。

突拍子《とっぴょうし》もない夫を見捨てず、立派に仕上げて見送り、家族を幸せに導《みちび》い

おしどり夫婦だった両親

てくれた母・カレー子をリスペクト。

若くして曲芸師《きょくげいし》になり、社会で実証。家族円満。家も買い、男の子四人を育てている弟・勝丸《かつまる》をリスペクト。

大学を卒業してからプロボクサーに。「新人王」を獲得《かくとく》し、世界を舞台に戦い、介護ヘルパー、通信教育を経《へ》て、小学校の先生という夢を叶えた夫・隆《たかし》くんをリスペクト。

目配り、気配り、心配りができる、明るく思いやりのある粘《ねば》り強い子、こっちゃんをリスペクト。

とにかく合言葉は「リスペクト」。家族間、人間関係のトラブルは「相手をリスペクトする心があれば大丈夫」と母が教えてくれました。

◇　◇

両親が夫婦円満で迎えた銀婚式（結婚二十五周年）は、東京會館《かいかん》のローズルームに二百人のお客さまを招待して盛大に開催しました。ここはかつて、父が配膳《はいぜん》のアルバイトをしていた場所です。

「自分もいつかここでパーティーを開きたい」という父・ライスの夢を叶えてあげたいとの、母の思いやりでした。

「何度ケンカをしても、何度でも仲直りできる。それが夫婦であり、家族なんだよ」と、両親の姿から学びました。

◇　◇

山あり、谷あり、笑いあり。

私は、笑顔をお届けする仕事に日々挑戦しながら、一家・一族が明るく、楽しく、一生懸命生きていく、ありのままの姿を皆さんに見ていただけたらな、と思っています。

「人を幸せにできる人が本当に幸せな人」――これこそが私たち「カレーなる一族」の使命《しめい》だと思って、今日も前進を続けます。

林家まる子

もくじ

林家まる子にとって初めての単行本の発刊にあたり、タイトルを応募してくださった皆さま、そして、日ごろからお世話になっている方々のお名前を記載《きさい》させていただきました。どこに載《の》っているかは内緒！　書籍のどこかに登場しています。最後まで楽しみに探《さが》してください。

カバーデザイン
奥定泰之
カバー・本文イラスト
池上美さ子
巻頭グラビア・本文デザイン
安藤 聡
写真協力
ボクダ茂
柴田 篤
ライフスタジオ
沼田家
国重家
編集協力
中野千尋
北川一三
編集ディレクション
朝川桂子

序章　アイドルか、お笑いか

Dreams come true

D thanks 茨城県 Special 栃木県日光市 thanks ㈱ケン企画 Special ㈱リベスト thanks ㈱ウチノ看板 Special ㈱マツケン thanks ㈱丸和運輸機関 Special プライムスター㈱ thanks ㈱マナビス Special ㈱JWAY『まるまる散歩』 thanks ㈲長野デザイン研究所 Special 美容室アルティファータ thanks 共同テレビジョン Special 茨城県ケーブルテレビ連絡協議会『チャレンジイバラキ』 thanks ㈱パブリックアート Special うさみ園 thanks 幸手ひがし幼稚園 Special 長野県人会 thanks 茨城県人会

C Special 日本料理瑞鳳 thanks 大阪帝拳ボクシングジム Special ワタナベボクシングジム thanks 長崎ちゃんぽんばってん Special ほしいも工房きくち thanks さかいばし歯科 Special 小野山興産㈱ thanks ウテナ産業㈱ Special 東京クリアランス工業㈱ thanks

T 美容室アピカ Special ㈱三祐産業 thanks 武蔵境自動車教習所 Special 若松鉄興㈱ thanks 中華料理北京 Special 日東電気㈱ thanks 東京ウインナー㈱ Special 田村精肉店 thanks 牡蠣小屋本店 Special 企画宣伝共同組合 thanks スペースG Special ㈱千葉一商事 thanks ㈱エポ Special ㈱マネジメントブレーン thanks ㈱ハウジングニチエー Special ㈱富創管工 thanks ㈱ウエディングベル企画 Special ㈱武蔵野ロックセンター thanks ㈲ミギタ工業 Special ㈱後藤自動車 thanks ㈱東京ドームホテル Special ㈱ブレーン thanks ㈱国太楼 Special 全国環境カウンセラー協会 thanks tenbo Special 環境NGO C.W.W.I. thanks イケヤ写真館 Special ねぎし事務所 thanks トーハン Special 日販

小児ぜんそくで苦しんだ少女時代

私は一九七二年十二月十四日、忠臣蔵《ちゅうしんぐら》の討《う》ち入りの日に東京都武蔵野《むさしの》市で沼田《ぬまた》家の長女として生まれ、「一斗衣《いとえ》」と命名されました。

名前をつけるにあたって、両親はいろいろ考えたそうです。

「一」は「いちばんを目指してがんばる」。「斗」はお米の量を測る単位「一斗＝十升《しょう》」にちなんで「お米や食べ物に困らないように」。「衣」は「着るものに困らないように」と、三文字それぞれに願いを込《こ》めて、「一斗衣」という名前をつけてもらいました。

小さいころは、小児ぜんそくでとても苦しみました。幼稚園も休みがちで林間学校にも行けませんでした。学校では、「沼田の背中を叩《たた》いたら死ぬ」という伝説が生まれたりもしました。

そんなふうに言われたのには、理由がありました。ふざけて背中を〝ポン！〟と叩かれると、たったそれだけのことでぜんそくの発作《ほっさ》が起きてしまうのです。修学旅行で枕投《まくらな》げをやると、ホコリを吸《す》って発作が起きる。掃除中にも発作が起き、季節の変わり目にも発作が起きます。

元気に走っている友だちを見ると、「元気でいいなぁ」「どうして私は元気じゃないんだろう」と、うらやましく思っていました。ぜんそくが悪化して肺炎《はいえん》になり、入院したこともあります。いまでは考えられないほど、体力がまったくない、ガリガリの子ども時代を過ごしました。

井之頭小学校の入学式で両親と（1978 年 4 月）

あこがれの聖子ちゃん

私の両親は夫婦漫才コンビ「林家《はやしや》ライス・カレー子」です。なので、小さいころに私がつけられたあだ名は「福神漬《ふくじんづ》けちゃん」、弟は「らっきょくん」でした。

いわゆる共働《ともばたら》きの家庭でしたし、夜になっても両親（または夫婦どちらか）が仕事で家にいなかったり、何日間か泊《と》まりがけで出かけたりするときには、ご近所の皆さんが私たちを預かってくださっていました。

「お父さんがサラリーマン、お母さんは専業主婦」という家庭で暮らしている人には、想像もつかない暮らしだと思います。なんせ、収入源はギャラとご祝儀《しゅうぎ》。「将来は絶対、公務員と結婚しよう」と心に決めていた私でしたが……、結婚相手はファイトマネーで生きているプロボクサーでした。この続きはまた、のちほど。

両親が仕事で家を留守にしているときには、三歳下の弟と一緒にテレビを見ながら、お笑い番組や歌番組から元気をもらっていました。

「大きくなったら、この中に自分も入りたい！　そして、私みたいに元気のない子どもに元気を送れる人になれたらいいな」

そんな夢を思い描《えが》くようになったのです。

いまでこそ女芸人はテレビで引っ張《ぱ》りだこですが、私が小さいころは、お笑いの世界を占《し》めているのは男性ばかり。「テレビに出る女性＝アイドル」という時代でした。

そのころ、一九八〇年にデビューした松田聖子さんが爆発的な人気を得ていて、聖子さんの曲はすべて大ヒットしていました。

小学校低学年だった私のまわりでも、多くの子が熱狂《ねっきょう》していました。私も、小学五〜六年生のころには、「聖子ちゃんと同じサンミュージック（芸能プロダクション）に入ろう！」と決め、髪型を〝聖子ちゃんカット〟にして、クラスのみんなに「将来のサイン引換《ひきかえ》予約券」を渡したりしていました。

中学生になると、本気で芸能界入りをするために、サンミュージックのオーディションを受け始めました。一回目のオーディションでは不合格。二回目、三回目もダメでした。悔《くや》しかった私は、当時、お世話になっていた近所のお姉さんに「夢に向かってがんばっているのに、なんで夢が叶《かな》わないの？ 夢を叶えるためにはどうしたらいいの？」と質問しました。

するとお姉さんはこう言って私を励《はげ》ましてくれたのです。

「一斗衣ちゃん、夢が叶ういちばんの近道は、夢が叶うまであきらめないことだよ」

「夢が叶った人というのは、夢に向かって挑戦し続けた人なんだよ。途中であきらめたのに、夢が叶った人なんていない。夢は叶うまで挑戦し続ければいい。一斗衣ちゃんなら、きっとできるよ」

その励ましを胸に、高校一年生のとき、四回目のオーディションに挑戦しました。私には、松田聖子さんがいるサンミュージック以外の選《せん》択《たく》肢《し》はありませんでしたから、他の芸能事務所のオーディションは、まったく受けませんでした。

それなのに、あぁ、それなのに……。オーディションに落ち続けてどんどん年齢を重ねていって、とうとう年齢制限ギリギリになってしまったのです。背水《はいすい》の陣《じん》でした。

「どうしてもサンミュージックに入りたい！」

「あこがれの聖子ちゃんと一緒に、芸能界で仕事をしたい！」

オーディションの前日、サンミュージックのビルに向かって「ここに明日入れますように！」と心の中で必死に祈りました。

15歳のころ、弟に撮ってもらったオーディション用のスナップ写真

そのビルの向かいには、モスバーガーがあります。この日、ちょうど抽選《ちゅうせん》会《かい》をやっていたので、「ここで運を使いたくないなぁ」と思いながらクジを引いてみたところ、なんと一等のTシャツを当ててしまったのです。

でも、そのとき何かが弾《はじ》けました。

「よ〜し、この勢いで明日も絶対に勝つぞ！」

腹《はら》が決まった瞬間でした。

運命のオーディション

オーディション当日、会議室で歌の試験がありました。椅子に座って順番を待っていた人から、あとでこう言われたものです。

「一斗衣ちゃんの歌は本当にひどかった。あまりにも下手《へた》で、あのときはパイプ椅子から転《ころ》げ落ちるほどビックリしたよ」

私の父・林家ライスは音《おん》痴《ち》、母・カレー子も音痴です。音痴と音痴の子守唄を聞かされながら育ったため、音痴になってしまったのかもしれません。

でも、自信だけは人一倍ありました。わが家の教育方針は、「ほめて、ほめて、ほめ上げて、子どもを伸ばす」というものだったからです。

「一斗衣ちゃんの声はいいよ！　うまいよ！　世界一だよ！」

「聖子ちゃんのレコード売り上げを超えるのは一斗衣ちゃんだね」

両親からそんなふうにほめちぎられて育ってきたため、すっかりその気になっていた私は、「ふふ。松田聖子の次は私だな」と自信満々でオーディションに臨《のぞ》んだのです。

「赤いスイートピー」を歌った私に、サンミュージックの相澤秀禎《ひでよし》社長（当時）がこう尋《たず》ねました。

「あなたの歌を聞いて、ご両親はなんと言っていますか？」

「はい。『世界一うまいね！』と言ってくれます！」

即答《そくとう》すると、会議室の中が爆笑《ばくしょう》の渦《うず》になりました。

このオーディションには、合計二千四百人もの応募があったそうですが、なんと「この子はおもしろい！」という理由だけで、私は合格してしまったのです。合格者はたった五人でしたから、四百八十倍の難関《なんかん》です。

人は死ぬとき、人生のハイライトが走馬灯《そうまとう》のように一気に流れるといいますが、合格が告げられたあの瞬間の光景は、きっと私が死ぬとき、鮮烈《せんれつ》な走馬灯の一場面になることでしょう。

こうして私は、あこがれの松田聖子さんに一歩近づいたのです。

アイドルになるためのレッスン

一九八九年六月、私は念願のサンミュージックに入りました。ところが、そのタイミングで大事件が起きたのです。なんと、私が入ったその月に、松田聖子さんが事務所を辞《や》めてしまいました。そして、いまだに私は、聖子さんにお会いできていません。

あのときは、大勢のマスコミの記者やカメラマンがレッスン場に取材にやって来ました。サンミュージックのレッスン場には、全所属タレントの写真が飾ってありましたが、相澤社長が脚立《きゃたつ》に上って、泣きながら松田聖子さんの写真を外《はず》していました。

するとと、社長は取材陣に向かってこう叫《さけ》んだのです。

「ここにいるのはレッスン生です。この中に次の松田聖子がいるんです!」

取材陣にカメラを向けられた私は、「よ〜し、次はいよいよ私の出番だ!」と、やる気スイッチが

アイドルになるために歌やダンスのレッスンに全力!(サンミュージックのレッスン場で)

一気にオンになりました。そこから週三回のレッスンが始まったのです。

歌は都《みやこ》はるみさんを育てた作曲家が、ダンスはピンク・レディーや少年隊の振り付けをしている大御所《おおごしょ》の先生が、教えてくれました。演技指導をしてくれるのは、世界の渡辺謙《けん》さんを育てた演劇集団「円《えん》」の演出家です。

当時、サンミュージックにお笑い枠《わく》はなく、アイドル枠しかありませんでしたから、私にとって進むべき道は、松田聖子さんのようなアイドルになることしかありません。

私は、ひたすらアイドルを目指し、超一流講師陣のレッスンに思い切り打ちこみました。でも、デビューへの道は決して甘くありません。半年ごとに行われる社内オーディションで、先輩も後輩も容赦《ようしゃ》なく落とされるのです。

「絶対にオーディションで落とされたくない！」

「夢を叶えるために、ここにしがみついて生き残ってみせる！」

私は、文字どおり、死ぬ気でがんばりました。すると、音痴で劣等生《れっとうせい》の私が、半年ごとに社内オーディションをくぐり抜けるのです。そうして、高校三年生のときには、社内オーディションで生き残った同期は、私ともう一人の演歌歌手だけでした。

さようなら、サンミュージック

高校卒業を控《ひか》えたとき、社内オーディションで、私はこう訴《うった》えました。

「私はサンミュージックが大好きです！　だから、他の事務所のオーディションはまったく受けず、サンミュージック一本でやってきました！」

私が、あふれる「サンミュージック愛」を滔々《とうとう》と述べると、そこにいたスタッフが「はい！」と手を挙《あ》げて、こう言いました。

「沼田さん、うちの会社に就職しませんか。サンミュージックを一緒に支えませんか」

え〜！　私はアイドルになりたくてがんばっていたのに、なぜか経理部から正社員としてスカウトされてしまったのです。

「私はサンミュージックでお笑いをやりたいんです！」

必死で訴えると、一人のマネージャーからこう言われました。

「うちはお笑いの事務所じゃないんだよね。お笑い芸人の売り方も、育て方もわからない。うちにはお笑いのノウハウが何もないんだよ。沼田さんは欽《きん》ちゃん（萩本《はぎもと》欽一《きんいち》さん）のところか、ご両親がいらっしゃる林家一門に行ったほうがいいんじゃないの」

現在のサンミュージックは、昔とは違ってお笑い芸人もたくさん所属しています。世が世なら、私はあのとき事務所を辞めることなく、そのままお笑い枠で残れたかもしれません。でも運命の糸は、私を林家一門のほうへと引っ張っていったのです。

でも、高校の卒業アルバムに「就職先　株式会社サンミュージック」と載ったことは、小さいころから夢見ていたアイドルの最高の証《あか》しであり、同時に卒業の証しにもなりました。

私の人生の序章はこうしていったん、完結《かんけつ》したのです。

第一章

芸人・林家まる子の誕生

Glowing Comedienne

G Special 赤プル thanks 荒よしひろ Special 池谷育成 thanks 石﨑恒之 Special 伊知地悠季 thanks 伊知地好美 Special 違谷広宣 thanks 宇佐美常男 Special 岡村憲子 thanks 大塚春樹 Special 大塚美紀 thanks 金子利昭 Special 金内稔 thanks 菊池啓司 Special 岸雅司 thanks 岸城子 Special 久米宗男 thanks 佐藤喬則 Special 嶋田恭子 thanks 下村広世

W Special 鈴木賀壽代 thanks 田中年子 Special 田尻好範 thanks 舘内幸夫 Special 徳武芳春 thanks 中原武 Special 野田由美 thanks 野口由美子 Special 林耐治 thanks 前元初枝 Special 松尾勇人 thanks 松村信雄 Special 萬田誠 thanks 松崎達人 Special 松丘慎吾 thanks 山本深雪 Special 龍めぐみ thanks 若槻善隆 Special 北市哲朗 thanks 小川徹 Special 藤井貞治 thanks 小崎修 Special 富田恭一

C thanks 斉藤雅俊 Special 高橋邦彰 thanks 渡邊翔馬 Special 川嵜真弘 thanks 怒留湯健誓 Special 佐々木森二郎 thanks 神田聡 Special 三輪優子 thanks 山田知樹 Special 十亀絵里 thanks 前田祐作 Special 松本良太 thanks 日光博 Special 緑上勉 thanks 檜沢純一 Special 黒川隆史 thanks 中嶋常人 Special 広橋公寿 thanks 広橋広子 Special 横山純一 thanks 白川正樹

M Special 伊藤幸一 thanks 北村秀明 Special 南早苗 thanks 松島もと子 Special 松島工

アルバイトに明け暮れた日々

アイドルを目指していた私は、一流の講師陣から三年間にわたりレッスンを受けさせてもらえましたし、その中で学び得《え》たことは、いまでもすべて生きています。サンミュージックという偉大な事務所にはいまも感謝、感謝、大感謝しかありません。

高校を卒業してから一年間は、特待生《とくたいせい》としてアナウンス学校に在籍《ざいせき》。その後、アルバイト生活を始めました。

まず朝六時から昼過ぎの一時半までファストフードで契約社員として働き、それが終わると、女性週刊誌の編集部でダブルのアルバイトです。週刊誌では心霊《しんれい》写真コーナーを担当しました。

当時、テレビで宜保愛子《ぎぼあいこ》さんの心霊番組が大ブームだったので、編集部には全国から心霊写真が山ほど郵送されてきました。でも、それらは、撮影するときに自分の指が写りこんで白くかすんでいるだけだったりします。

どう見ても心霊写真とはいえないものをはじき、おもしろい写真を選《よ》り分ける仕事でした。バブルの余《よ》波《は》がものすごく残っている時期でしたので、週刊誌は出るたびに完売。心霊写真コーナーも大変な人気があったので、バイト代がどんどん入りました。そして、夜になると自宅の近くにあるイタリアンレストランでバイトです。バイトをいくつも掛け持ちしながら、寝る間を惜《お》しんでお金を稼《かせ》ぎました。

修業なくして勝利なし

当時の私は、買いたいものがあってアルバイトを掛け持ちしていたわけではありません。ほかにやることがないので、その場しのぎの仕事をしていただけでした。

お金を稼ぎ、バイト先で友だちがどんどん増えていくのは楽しかったのですが、家に帰ってくると「あれ？　いまの自分は何をしているんだろう？」と、気持ちがドヨーンと幽体離脱《ゆうたいりだつ》してしまうのです。小さいころから「アイドルになりたい」「みんなを楽しい気持ちにさせる仕事をしたい」という夢があったはずなのに……。

そんなとき、父・林家《はやしや》ライスが新聞を見せてくれました。そこにはこんな言葉が書いてありました。

〈どんな世界にも「修業」はある。柔道、剣道、相撲《すもう》、ピアノ、その他、修業なくして向上があるはずがない。勝利があるはずがない〉

目からウロコ！　目からコンタクトレンズ！　この新聞を目にした瞬間、いろいろなものが私の目から転《ころ》げ落ちました。

この言葉を示しながら、父は私にこう諭《さと》したのです。

「人生どこかで泣かなくちゃいけない。苦労しなきゃいけないときがある。本気で修業するべきときがあるんだ。小さな木だって、根っこが深ければ大きな木に育つ。基礎工事がしっかりしているから、大きな城や天守閣《てんしゅかく》が建《た》つ。

なのに、一斗衣《いとえ》ちゃんは苦労も修業もなしに、いきなり成功しようとしている。いきなり売れようとしている。でも世の中はそんなに甘くはないよ。お父さんみたいにちゃんと一から修業しなさい」

この「修業」という二文字が私の心に刺《さ》さりました。

「そうだ。私に足りなかったのは修業じゃないか」

遠い世界と感じていた林家一門

私の両親、林家ライス・カレー子が所属する林家一門は、紛《まぎ》れもなく芸能界そのものではありますが、私は「絶対にここは経由《けいゆ》しない！」と決めていました。その理由の一つは、親の力を借りたくなかったからです。

でも、もう一つ、入門を避《さ》けていた理由がありました。

私は、小さいころから両親に連れられて、おかみさん（海老名香葉子《えびなかよこ》さん＝初代・林家三平《さんぺい》師匠の夫人）のもとを訪れることがたびたびありました。

ねぎし（台東区根岸にある海老名家＝落語家の師匠宅は地名で呼ばれます）には何人かの内弟子《うちでし》が住んでいました。落語の世界は上下関係がはっきりしています。内弟子は厳しく育てられ、朝から晩まで夢中で必死に働《はたら》き、師匠や兄《あに》弟子に仕《つか》えていました。その姿を見聞きしていた私は、「自分とはほど遠い世界だ」と思っていたからです。

小学六年生のとき、私が母におせち料理の作り方を尋《たず》ねると、母は「おせちなら、ねぎしに行かせてもらったらいいじゃない」と即答《そくとう》。

そして、中学生になると、年末年始は泊《と》まりこみでおせち料理部隊に加えていただきました。年末の十二月二十八日から一月三日にかけて、大量のおせち料理やお雑煮《ぞうに》を一から準備するのです。中学生の私にとっては、ありがたい貴重な経験となりました。

厳しくて遠い世界と感じていた一門でしたが、だからこそ、力がつくはず。「ここで修業しよう」と決意した私は、一つの覚悟《かくご》をもって、おかみさんのもとで雑用係《ざつようがかり》から一歩を踏《ふ》み出したのです。

入門一週間でＮＨＫのレギュラーが決まる

こうして、二十一歳になったばかりの九三年十二月二十三日。私は林家一門の扉を叩《たた》き、三年間の約束で住み込みの内弟子生活をスタートさせました。

「あなた、顔が丸いから、まる子でいいわね？」とのおかみさんの一言で、「林家まる子」という芸名をいただき、第二の人生が始まりました。

私が入門したのは、クリスマス直前のとても寒い季節でした。

年末になると、雑巾《ぞうきん》がけや大掃除といった

内弟子時代のまる子（ねぎし三平堂で）

仕事がありますが、下っ端《ぱ》の弟子が、給湯器から温かいお湯をバンバン出して使うわけにはいきません。バケツに溜《た》めた冷たい水で雑巾を洗い、手で絞《しぼ》りながら掃除をしているうちに、手はアカギレで真っ赤になっていました。

お正月になると、ねぎしには大勢のお客さまがいらっしゃいます。

あるお客さまにお茶を出したところ、「君、手がひどいアカギレだね」と言われました。そこから内弟子の苦労話で盛り上がると、「君、おもしろいね。テレビに出てみる？」と思わぬ声をかけていただきました。

その方はNHKのプロデューサーで、すぐ、おかみさんに「この子に番組をやらせたい。四月からこの子を使っていい？」と言ってくださいました。ところが、おかみさんは「まだ力不足なもので」とその場で断《ことわ》ってしまったのです。

私はつい、心の中で思ってしまいました。

「このクソババア」

でも、それは「いまのまま、この子を外に出したら潰《つぶ》れてしまう。きちんと修業させなきゃいけない」との親心からでした。なにしろ入門してまだ一週間ですから当然のことです。残念な気持ちと、「こんなチャンス、ないのにな～」というあきらめられない気持ちが交錯《こうさく》し、私は心の中で必死に祈りました。

　すると数日後、プロデューサーからおかみさんに電話が……。

「この間の件だけど、会議にかけたら企画が通っちゃったので、もう決まりです！」

　こんなふうに強く言って押し切ってくださったのです。

静岡第一テレビの「まるごとワイド」のレポーターとして奮闘していたころ、中継車の前でスタッフと（最後列でＶサインをしているのがまる子）

こうして私は、ＮＨＫの「現役くらぶ　人生これから」という高齢者向けバラエティー番組（四十分番組）にレポーター兼サポーターとして二年間出演することになりました（九四年四月～九六年三月放送）。

林家一門で下っ端として修業しながら、ＮＨＫのスタジオまで収録に出かけたり、地方ロケにも行きました。人気番組「おかあさんといっしょ」とくっつけた「三世代ふれあい歌合戦」という地方公演の企画もありました。

入門してすぐにこんなに大きなお仕事をいただけるなんて、普通はありえません。あまりにもラッキーなので「あなたはなんてラッキーなんだ」とまわりの人たちに驚かれましたが、ある先輩からは、このように教えていただきました。

「いま、あなたがこうして仕事ができているのは、すべて三平師匠のおかげなんですよ。あなたがすごいわけでは全然ない。三平師匠は、裏方もディレクターもプロデューサーも掃除のおばちゃんも、分《わ》け隔《へだ》てなく接して、皆さんから好かれていました。いまの芸能界には、三平師匠にお世話になった方が大勢いらっしゃいます。さらに、おかみさんあってのことなんですよ。三平師匠とおかみさんへの感謝を忘れないでいきましょうね」

まったく、そのとおりです。

「いまの私がいるのは三平師匠とおかみさんのおかげだ」

その思いは現在もまったく変わりません。

おかみさんから学んだこと

ねぎしにいたころの私にとって、一日の最後の仕事は、おかみさんが書かれたはがきをポストに投函することでした。毎日、毎日、おかみさんは全国の方々に御礼や励《はげ》ましを綴《つづ》られていました。そのおかみさんの日常は、いまも変わらずに続いています。

おかみさんは十一歳のとき、東京大空襲《だいくうしゅう》で最愛の家族六人をいっぺんに亡《な》くされ、戦災孤児《せんさいこじ》になってしまったそうです。どれほどの悲しみと苦悩《くのう》があったことか想像もつきません。

しかし、家族の情《じょう》、下町の情が強さをくれたのでしょうか。いくつもの苦難を乗り越えてこられ、現在に至《いた》ります。

おかみさんの著作（絵本『えくぼのかよちゃん』金の星社）には、次のように書かれています。

「そうだ！　これからもまっすぐ歩いて生きていよう。わらって、えくぼのかよちゃんといわれなくちゃ」

そう思ってどんどん歩いてきたら、まっすぐに生きてこられたのです。

何があっても負けないで、強く、やさしく、まっすぐに、笑顔で人生を歩んでこられたおかみさん。その後ろ姿からたくさんのことを学ばせていただきました。

芸能活動存続の危機

ところが、内弟子として順調に滑《すべ》り出した私を、如何《いかん》ともしがたい困難が襲《おそ》いました。ぜんそくが再発してしまったのです。せっかくNHKでレギュラーの仕事をいただいて、張り切っていたのに……。

病院に行くと、「このままだと死にますよ。命を取りますか。芸能界を取りますか」と言われました。「芸能界で活躍するんだ」と張り切って、死ぬ気でがんばっていたのに、医者から「このまま続けたら、あなたは死ぬ」と宣告《せんこく》されてしまったのです。

両親に実家へと連れ戻され、自宅療養《りょうよう》することになりました。あのころは体力が消耗《しょうもう》し切っていて、立ち上がってトイレに行くことすらできませんでした。トイレまで這《は》って移動していたくらいです。信号一つ分先の病院にさえ、歩いていくことができず、タクシーを呼んでいました。

そのとき、ある先輩が励ましてくれました。

「何があっても負けない、何があっても絶対乗り越えられる自分になっていくんだよ。あなたはダイヤモンドの命を元々もっている。ダイヤモンドは原石のままじゃ光らない。ダイヤモンドは磨《みが》かなければ光らないじゃないか。ダイヤモンドの命を磨いて、磨いて、光らせていけばいいんだよ」

病魔《びょうま》なんかに負けてたまるか。目の前に立ちはだかっている困難を、絶対に乗り越えてみせる。遠い彼方に見えるかすかな光を信じて、私は再び挑戦を始めました。

運命を左右した一通の手紙

芸能界での仕事は辞《や》めたくない。志《こころざし》半ばにして死にたくもない。仕事と健康のいずれか一方を選択する生き方ではなく、両方つかみ取る生き方を選びたい――。ぜんそくの発作に苦しみながらも、私は必死で道を模索《もさく》していました。

そのころ、私のロッカーには、以前いただいた静岡第一テレビの諸星正彦《もろぼしまさひこ》制作部長（当時）の名刺《めいし》が貼ってありました。

「いつかこの人と一緒に仕事をする日が来るに違いない」

なぜか、根拠《こんきょ》のない自信があった私は、「仕事をください」と手紙を書きました。突然、送りつけたのですから、なしのつぶてでも不思議はありません。

ところが、「オーディションを受けませんか」との連絡が来たのです。

銀座にある静岡第一テレビの支社に出かけたときは、ぜんそくで苦しんでいる真っ最中でした。風邪をひいたらぜんそくがますます悪化してしまうので、私は、厚手《あつで》のブーツを履《は》いてチャンチャンコを着込《きこ》んで完全防備。どう見てもおかしな姿です。

きれいに着飾った女の人がいっぱいいるオーディション会場に着いた私は、まさに病《や》み上がり。「蜉蝣《かげろう》の命」のように弱った私がチャンチャンコで武装して現れたのですから、完全に場違《ばちが》いでした。

しかし、ここでまさかの大逆転！　チャンチャンコ姿が予想外に功《こう》を奏《そう》したのです。なんと、このオーディションは農協がスポンサーの番組だったため、〝田舎《いなか》っぺ〟丸出しの私のキャラは、素朴《そぼく》で庶民的な番組のイメージにぴったりだったようです。こうして農協提供の「だいすきふるさと」という番組のレポーターの仕事が決まったのです（九六年四月〜九九年三月放送）。

初めていただいたNHKのレギュラー番組の仕事は、二年間続き、その番組の最後の収録が終わって一週間も経《た》たないうちに、次のレギュラー番組が始まりました。でも、病気を隠《かく》して仕事をしていますから、ハイキングや山登りをするシーンでは息が苦しくなって、ヒューヒュー、ゼーゼーと喉《のど》から音が漏《も》れてしまいます。ピンマイクは高性能なので、私の荒《あら》い息遣《いきづか》いを拾《ひろ》ってしまい、音声さんが「いま、風待ちです！」とロケを止めちゃったこともありました。そんな中でも、病気がバレて仕事を降《お》ろされたら困るので、私はマイクをずらしたり、いろんな工夫をし、「忍耐《にんたい》の大地に花は咲く」との大好きな言葉をかみしめながら、必死でがんばりました。

テレビのレギュラーで大忙しだった26歳のころ、ねぎしの居間でおかみさんと

冬は必ず春となる

じつは、そのころの私は病気のことに加え、人間関係や仕事の悩みなど、つらいことがいくつも重なり、心身ともにボロボロでした。

でも、「絶対に仕事で決着をつける」「勝負には必ず勝つ」と決めて挑戦を続けていくなかで、「静岡○《まる》ごとワイド」（静岡第一テレビ、九七年四月～二〇〇〇年三月放送）、「あさチャン!!」（静岡第一テレビ、九八年四月～九九年三月放送）、「おはよう茨城」（フジテレビ、九八年四月～二〇一一年三月放送）と、次々と新しい仕事が決まっていきました。

入門一年目は一本、二年目はレギュラーが二本、三年目はレギュラーが三本、四年目はレギュラーが四本と、毎年一本ずつレギュラーの仕事が増えていったのです。フジテレビ系列が一本、静岡第一テレビは三本のレギュラーでしたから、スケジュール帳はいつも真っ黒けでした。

とりわけ「おはよう茨城」は、十三年間も続いた仕事です。視聴者からのハガキやメールが毎週何十通も届き、おかみさんからいただいた「林家まる子」という芸名も次第に皆さんに知られるようになりました。

「まるちゃんからはいつも元気と勇気をもらっています」

「日曜日の朝にまるちゃんの声を聞いて、とてもハッピーになります」

視聴者からのうれしい声に接しながら、「あれ、私の夢って、もう、

NHK 連続テレビ小説「私の青空」撮影終了の会で挨拶するまる子

叶っている！」と気づいたのです。

そして、二〇〇〇年には、ＮＨＫの連続テレビ小説「私の青空」で、筒井《つつい》道隆《みちたか》さん演じるボクサーの村井健人《けんと》にインタビューする記者の役を演じました。ちなみにこのときは、ヒロイン（田畑智子《たばたともこ》さんが演じた北山なずな）のオーディションに三次試験で落ちての出演でした。

小さいころの私は、小児ぜんそくで苦しみながら、テレビのお笑いや歌から元気をもらっていました。その自分が、テレビの向こうにいる皆さんに元気をお届けできる立場になっていたのです。しかも「一生治《なお》らない」と言われていたぜんそくも完治《かんち》しました。

「死んでたまるか！　私はいま、この場所で自分の使命《しめい》を果たすんだ！」

そう腹《はら》を決めて命がけで挑戦した結果、いつの間にか仕事も健康も両方勝ち取ることができ、夢のような境涯《きょうがい》になっていたのです。

「冬は必ず春となる」という言葉のとおり、長く苦しいトンネルの先には、光が輝いていました。

第二章 両親はお笑い芸人

Proud of my Parents

P thanks 小林時子 Special 岸七百樹 thanks 小谷野栄一 Special 八木智哉 thanks 高口隆之 Special 田上健一 thanks 黒石誠治 Special 中川匡則 thanks 原吉彦 Special 森尾直明 thanks 野中さおり Special 五條詠佳 thanks 沢井小次郎 Special 宇都美慶子 thanks 小沢唱子 Special 梶谷昇 thanks 梶谷貴子 Special 秋山広宣 thanks 秋山朋絵 Special CHIKA thanks 平下晃司 Special 平下ひろみ thanks 野口正則 Special 岡崎綾子 thanks 千葉記位 Special 琴剣淳弥

Q thanks 林太一 Special キラリン thanks ドリームかずよし Special 大内靖 thanks 小高知之 Special 大塚学 thanks 飯田雅夫 Special 菅原成子 thanks 松本明美 Special 杏ふるや thanks 戸高美和子 Special 大森佳子 thanks 佐竹奈美子 Special 小川隆 thanks 遠谷ミサコ Special 石木政秀 thanks 石木登志子 Special 谷口智之 thanks 谷口光恵 Special 池田和義 thanks 池田久美子 Special 櫻井良輔 thanks 櫻井友子

M Special 浅川進一 thanks 浅川真理 Special 瀧川和正 thanks 瀧川里香 Special 南野信一 thanks 南野優子 Special 二宮英一 thanks 二宮純子 Special 於保哲外 thanks 於保真理子 Special 沢藤誠 thanks 沢藤広美 Special 岡崎誠 thanks 岡崎みどり Special 貞勝利 thanks 貞和歌 Special 古森崇夫 thanks 古森輝子 Special 森伸一 thanks 杉本登 Special 清水俳二

P thanks 黒宮了以 Special 大泉春子 thanks 増田希美子

落語家を目指した父

私の両親は林家《はやしや》一門の夫婦《めおと》漫才《まんざい》コンビ「林家ライス・カレー子」です。このコンビが誕生するまでは波瀾万丈《はらんばんじょう》でした。芸一筋《げいひとすじ》で食べていくのは、並大抵のことではないのです。両親がどうやって芸の道を渡り歩いてきたのか、母・カレー子の回想をもとに振り返ってみます。

一九五七年、私の父は中学を卒業してすぐ、六代目・三升家小勝《みますやこかつ》師匠のもとへ入門して落語家を目指します。師匠から「三升家勝丸《かつまる》」という名前をいただき、六一年には二ツ目《ふたつめ》（真打《しんう》ちの一歩手前）に昇進《しょうしん》しました。

前座時代は師匠丸抱《まるがか》えですから、食事のことなんて心配なく生活していけます。でも二ツ目に昇進すると、自分の力で仕事をして食べていかなければいけません。

二ツ目としての一本目の仕事が秋田県で決まったとき、父は小勝師匠に

「××兄《あに》さんと一緒に秋田県へ仕事に行かせていただきます」と報告しました。すると師匠から「行っちゃいけない」と言われ、二ツ目としてのデビューの仕事にストップがかかってしまったのです。せっかく二ツ目になって、ブロマイド写真まで撮《と》ったのに、仕事を止められたことで父は憤慨《ふんがい》していました。

そのころ、父は兄弟子から朝に夕に「お前はなんてマヌケなんだ」「やめちまえ」とボロクソに言われていたそうです。

落語家の階級

見習い	師匠のかばん持ちや師匠の家の雑用をしながら、落語の稽古、着物の着方やたたみ方、鳴り物の稽古などの修業に励む。
前座	寄席で楽屋入りさせてもらい、雑用をすべてこなす。楽屋の掃除のほか、先輩へのお茶出し、師匠の着替えのお手伝い、さらにネタ帳をつけたり、高座返しをしたり、出囃子や太鼓などの鳴り物を打つといった仕事を約4年間行う。
二ツ目	落語家として一人前とされ、師匠の家や楽屋での雑用は免除される。紋付・羽織・袴の着用ができるが、寄席以外は自分で仕事を探さなくてはならない。
真打ち	「師匠」と呼ばれ、寄席のトリ（最後に出る）を務める。真打ちになると、お披露目の特別興行をし、弟子をとることができる。

父は右手と左手が同時に動いてしまう特性があり、落語家の前座が必ず務めなければならない太鼓が叩《たた》けなかったのも一因でした。

まわりの人が皆、「何がよくてこの世界にいるんだ？」と思うほどひどい環境の中で稽古《けいこ》に励《はげ》む父に対して、師匠は期待してくれていたのですが、父はそんな師匠の気持ちをまるでわかっていなかったのです。

母はよく、父のことを「ライちゃんは足も短けりゃ、気も短い！」と表現していました。

腹《はら》を立てた父は、上野にある鈴本《すずもと》演芸場の支配人に「いくら師匠でもひどすぎる」と、自分の処遇《しょぐう》について愚痴《ぐち》ります。すると、「そんなに嫌《いや》だったら辞《や》めちまいな。そのかわ

落語家・三升家勝丸を名乗っていたころの父

り、漫才をやってみないかい？」と言われたそうです。

鈴本演芸場の支配人が小勝師匠のところへ「この子をうちで預かりたい」と挨拶《あいさつ》しに行ったとき、師匠は支配人と父に向かってこう言いました。

「いやあ、残念だ。私はこの子が化《ば》ける（売れる）と思っていたんだよ」

さらにこう言いました。

「なぜ私がお前さんを自由にしなかったか。中国のことわざに『小人閑居《かんきょ》して不善をなす』という言葉がある。ヒマを持て余《あま》している人間はろくなことをしない。私の目から見たら、お前はまだまだ手放すには早すぎると判断した。一人で仕事に出すにはまだ早すぎると思ったんだよ」

そのとき父は「小人閑居して不善をなす」という言葉の意味がよくわかりませんでした。後年になって、「あのときの師匠の心がいまはよくわかるよ」と、しみじみ述懐《じゅっかい》していたものです。

小勝師匠の慈愛《じあい》は、弟子が進む未来を遠く見据《みす》えた視点に立ってくださっていたのでした。

漫才の道へ

一九六三年、父は落語家から漫才師に転向《てんこう》し、「三升小粒《さんしょうこつぶ》」と名前が変わります。そして「大平洋子《たいへいようこ》・三升小粒」というコンビを組んで漫才師として活動を開始しました。大平洋子さんは体重が百キロ以上、父は体重四十キロと、かなり小柄です。「メイプル超合金《ちょうごうきん》」（安藤なつさんとカズレーザーさんのお笑いコンビ）の昭和バージョンと言えば、イメージが湧《わ》くでしょうか。

鈴本演芸場での初舞台のときは、マスコミの記者やカメラマンが取材に来てくれました。漫才初挑戦の父はカメラに気を取られて、セリフが飛んでしまったそうです。それでも、どういうわけか、体型がまるで違う凸凹《でこぼこ》コンビの漫才はおもしろかったらしく、父は一気に売れました。

大平洋子さんとのコンビを解消した後に結成した「大粒小粒」という漫才コンビも人気を博《はく》し、仕事は順調だったようです。なにしろ、漫才全盛期の父は「温泉巡査《じゅんさ》」（六三年）、「東京無宿」（六六年）という映画にまで出演したほどです。

あるとき、私がアルバムを見ていたら、いまで言う「M《エム》-1《ワン》グランプリ」のような漫才大会の決勝戦にまで進み、超売れっ子の漫才師（晴乃チック・タック師匠）と並んで掲載されているプログラムを見つけてビックリしました。

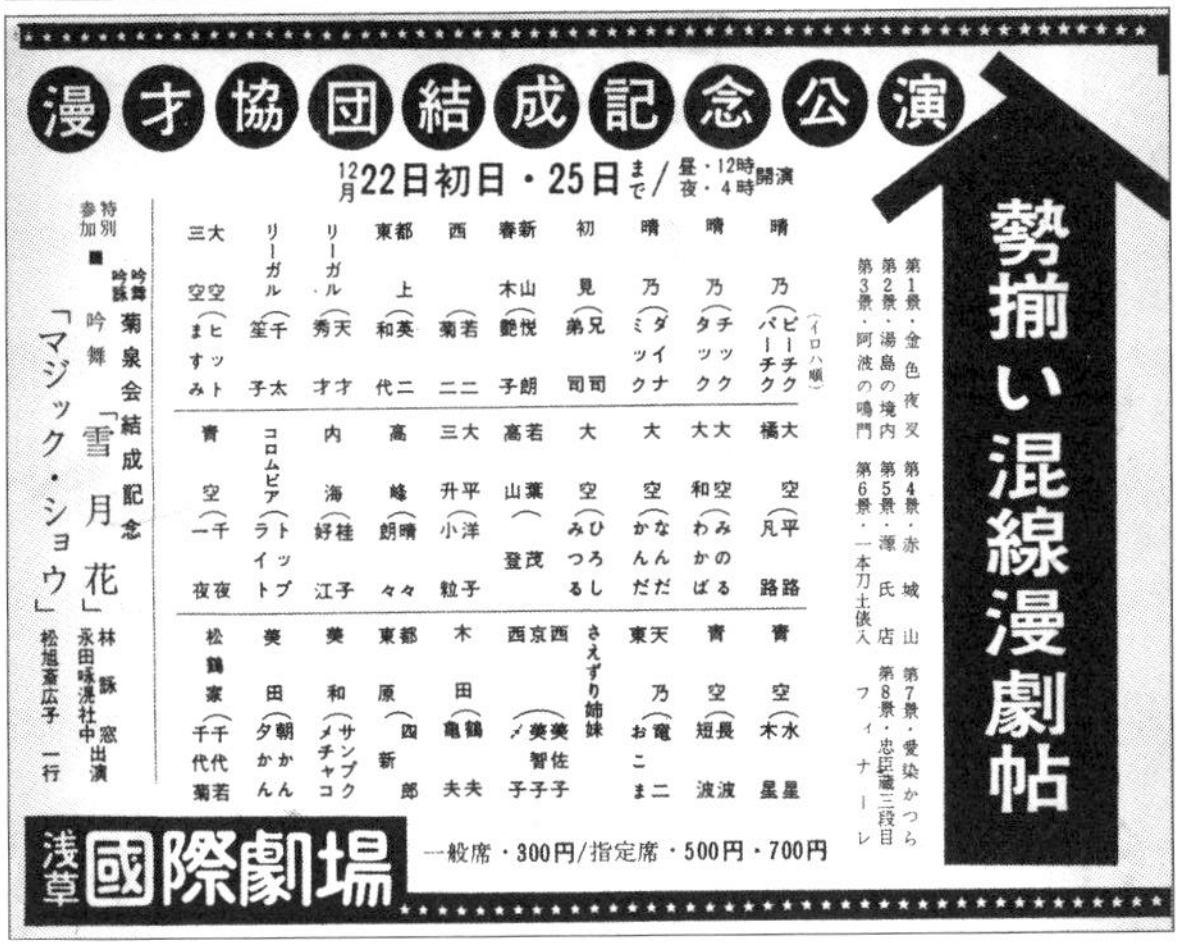

太平洋子・三升小粒時代のブロマイドと浅草国際劇場に出演したときのチラシ

私が生まれる前の父は、お笑いの世界で売れていたのです。

しかし、浮き沈みの激しい芸能界で売れ続けるのは容易《ようい》ではありません。全盛期が過ぎ、生活に行き詰《づ》まった父は、自分をかわいがってくれる旦那衆《だんなしゅう》が経営している新宿・歌舞伎町《かぶきちょう》のクラブでドアボーイとしてアルバイト生活をすることになりました。そんなド貧乏生活を送っていた七一年に、両親は結婚するのです。

私は母に、「背が低い。収入低い。学歴低い。そんな三低の男の何がよくて、お父さんと結婚したの？」と聞いたことがあります。

すると母は、真剣な顔で私にこう言ったのです。

「私の尊敬する人生の師匠は、『人は見た目ではない。肩書きとか学歴とかすべて取り去った後に残る一本の柱、人間性が大切だ』とおっしゃっているんだよ」

「じゃあ、お父さんの人間性に惚《ほ》れたの？」

「ううん、魔が差したの！」

両親の結婚式（1971 年 10 月 17 日）

林家三平の弟子になる

七一年、父がかつてお世話になった六代目・三升家小勝師匠が亡くなってしまいました。すると、兄弟子の一人は三遊亭円歌《さんゆうていえんか》師匠のもとへ、すぐ上の兄弟子は林家三平師匠のもとへ、弟《おとうと》弟子は立川談志《たてかわだんし》師匠のもとへ入門し、弟子たちはバラバラになりました。当時、新婚だった父は五年もの間、プラプラとアルバイト生活を続けていました。

その後、七六年には三升家小勝師匠の義理のお母さまが亡くなります。その訃報《ふほう》を耳にした私の母は、なけなしの一万円札を父にもたせて、「とにかく、お通夜に行っておいで!」と送り出しました。このことが人生の転機になるのです。

お通夜の場で、父は久しぶりに会った兄弟子からこう声をかけられました。

「師匠が亡くなって、この世界から足を洗っているのに、おばあちゃんの葬儀に駆《か》けつけるなんてのは、お前、この世界に未練《みれん》があるんじゃないか？」父は正直に、「はい。兄《あに》さん、未練があるんです」と言いました。すると、兄弟子がこう言ったのです。

「そうか。だったら林家三平師匠に声をかけてあげるよ」

なんとも驚くべき展開でした。

父が林家一門の一員になると決めたとき、心配した林家こん平師匠は、母に電話をかけてきてくれ、こう言ったそうです。

「この世界に入ると食べられなくなるよ。(ダンナが)噺家《はなしか》になってもいいの？」

母は飄々《ひょうひょう》として、即答しました。

「大丈夫ですよ。いまでも食べられていませんから」

当時、生活に困っていた父は、新宿でドアボーイのアルバイトをやりながら六畳一間で暮らしていました。すでに食うや食わずの生活だったので、これ以上貧乏になりようがなかったのです。そんな父を、母は内職《ないしょく》をしながら支えていました。

こうして七六年、父は林家三平師匠の門を叩いて「林家ライス」として芸人人生を再スタートしました。「林家ライス」という名前は、三平師匠が上野精養軒《せいようけん》のハヤシライスが大好きだったことに由来《ゆらい》します。

父から遅れること二年――。三平師匠から、「あんた、漫才やりなさい」と勧《すす》められていた母（当時は主婦）が、ありがたいことに三平師匠から「カレー子」の芸名までいただき、舞台に立つように。夫婦それぞれ司会や漫談の活動が始まりました。

その後、八七年に愛媛県の全盲の老人ホームを慰問《いもん》したことをきっかけに漫才コンビを組み、「林家ライス・カレー子」の夫婦漫才が誕生したのです。

殺人事件の犯人に間違えられる

私が幼稚園に通《かよ》っていたころ、新宿・歌舞伎町でアルバイトをしていた父が殺人犯に間違えられたことがあります。

七五年八月二十一日。東京・新宿区のホテルでマッサージ嬢が殺された状態で発見されました。犯人は、「身長一四五センチくらいのやせ型」「三十歳前後」「小学三年生くらいの体型。ランドセルを背負わせたらよく似合う男」という特徴があり、指名手配のポスターがあちこちに張《は》られたそうです。

マッサージの若い女性
ホテルで殺さる
新宿

二十一日午後十時十五分ごろ、東京都新宿区西大久保二丁目、ホテル「ニュー若草」（[illegible]さん経営）二階の「伊香保の間」で、[illegible]、マッサージ師関本和代さん（[illegible]）がふとんの上で全裸のまま血だらけになって殺されていた。警視庁は新宿署に特捜本部を設け、殺人事件として捜査している。

[illegible]の調べでは、関本さんはノドを何カ所も刺されて殺されていた。同夜六時五十五分ごろ、一人で来た男の客が帳場に「あんまを呼んでくれ」と申し込み、関本さんが同夜九時二十分ごろ、同ホテルに来た。男は九時四十五分ごろ、一人で帳場におりてきて「女は[illegible]といっている」といい残してホテルを出た、という。十時すぎになって帰りがおそいため、心配になった関本さんが所属する新宿区西大久保二丁目、[illegible]マンション丸山マッサージ会社の経営者[illegible]さん（[illegible]）が同ホテルを訪ね、関本さんの死体が見つかった。

犯人は年齢二十一〜三十歳、身長約一五〇ギ、色白、丸顔で髪を七三に分け、赤と白のチェックの開きんシャツに紺のズボンをはいていた。同ホテルにはいてきたサンダルを置いたまま逃げたという。また、死体のそばから血のついた刃渡り九ギの果物ナイフが見つかった。

この男は二十日午後六時ごろにも同ホテルを訪れ、同マッサージ会社から派遣された[illegible]マキこと中川[illegible]子さん＝[illegible]町二丁目＝を呼んだという。さらに[illegible]の午後六時ごろ、同ホテルに来て「マキさんを呼んでくれ」と帳場に申し込んだが、中川さんの都合がつかなかったため、いったん帰り、同六時五十五分ごろ再び同ホテルに現れて「マキさんを来た」といって同ホテルに上がり込んだこともわかった。このため同本部は中川さんの代わりに来た関本さんとこの男と口論になり、持っていた刃物で関本さんを刺し殺したとみて、この男の割り出しに全力をあげている。

現場は国鉄新大久保駅の旅館街のほぼ真ん中で、旅館によってはマッサージ師などにいかがわしい行為をさせているところもある。

二階の部屋でマッサージ師が殺されていたホテル「ニュー若草」＝21日午後11時15分、東京都新宿区西大久保二丁目で

モンタージュ手配
新宿のマッサージ嬢殺し

東京都新宿区西大久保二丁目のホテル「ニュー若草」で昨年八月二十一日夜、マッサージ師関本和代さん（三三）が殺された事件で、新宿署特捜本部は三日、犯人のモンタージュ写真とポスター六万枚をつくり、全国に手配した。

犯人は三十歳前後、身長一四五ギぐらいと小柄で、やせ型。事件当時は赤と白のチェックの開きんシャツに紺のズボンをはいていた。

同本部は事件直後、犯人の似顔絵をつくって手配したが、事件後一年たっても男の足どりがつかめないため、今度はモンタージュ写真手配をした。

事件を報じた新聞記事

男の子がランドセルを背負って横を向いているモンタージュ写真は、困ったことに父とそっくりだったのです。

私が四歳、弟が一歳だったとき、二人の刑事が自宅にやってきました。

「奥さん、ご協力いただけませんか。ご主人はいま、いらっしゃいますか」

「留守にしています」

「ご主人のお仕事は何をしていらっしゃいますか」

「新聞配達をやっています」

そう言うと刑事は「えっ！」と驚きました。父が新聞配達をやっていたことは事実です。人目につかない早朝に町中を走り回る仕事が、いかにも怪《あや》しいと思ったのでしょう。

その日、帰宅した父に、母が、「今日、刑事さんが来たよ」と言ったところ「えーっ！」と、みるみる顔から血の気が引いたそうです。

後日、父は歌舞伎町の喫茶店で刑事と待ち合わせ、指紋《しもん》を採《と》られました。

当然のことながら、父の指紋は犯人が現場に残していった指紋とは一致しませんでした。刑事は、「ああ、違《ちが》った！」と声を上げて落胆《らくたん》したそうです。

事件から三年半が経《た》った七九年二月、とうとう真犯人《しんはんにん》が逮捕されました。自首《じしゅ》した犯人は、逮捕されてホッとした様子だったと言います。

当時の新聞報道によると、捕《つか》まった犯人は身長百四十七センチ、体重三十七キロで、当時の父の体型と本当によく似ていました。

この冤罪《えんざい》事件のおかげで、父の名前は全国区のニュースで流れ、当時の雑誌や新聞には、「林家三平門下《もんか》の林家ライス、殺人犯に間違えられる」という記事がたくさん載《の》りました。

新三多摩新聞
新宿ラブ・ホテル、マッサージ嬢殺し
"モンタージュ"にそっくり
林家ライス
泣き笑い寄席人生
3回も警察に呼出し
とんだ濡れ衣 犯人逮捕で一躍脚光
親子四人に笑顔戻る—武蔵野市中町のアパートで
寄席にも復帰
苦労で冴える時事漫談

冤罪事件の顛末を報じた新三多摩新聞

『3時にあいましょう』（TBS系列）というワイドショーでは、桂菊丸《かつらきくまる》さんが事件レポーターとして二日間にわたって密着《みっちゃく》取材。私たちの住んでいたアパートも訪《おとず》れ、その様子が特集されたといいます。

殺人犯に間違えられたおかげで、無名《むめい》だった「林家ライス」の名前が世の中に大きく広まりました。転《ころ》んでもただでは起きない。父はとんでもない不運すらも、芸人として世に出るための運として呼び込み、ピンチをチャンスへと変えたのです。

リアル「一杯のかけそば」

父が林家三平師匠に入門した当初、わが家の生活は本当に苦しい状態でした。芸人の仕事だけではとても食べていかれず、母は自宅で内職をしていたものです。「ヤッターマン」や「一発貫太《いっぱつかんた》くん」といったアニメーションのセル画《が》塗《ぬ》りをよくやっていました。狭《せま》い家ではセル画を乾《かわ》かす場所がないため、私や弟が眠ったあと、母は布団《ふとん》の上にセルを置いて乾かしました。寝返りを打てば、セル画がひっくり返って汚《よご》れてしまいます。

あるとき、弟がふざけてボールを転がしたところ、ボールにセル画のインクがついてしまい、「ママ、ごめん！　ママ、ごめん！」と、ものすごい謝《あやま》り方をしたことがありました。子どもなりに、親が苦労していることを感じていたのでしょう。

あまりに生活が困窮《こんきゅう》し、母はわが家の唯一《ゆいいつ》の財宝《ざいほう》である形見《かたみ》のダイヤモンドの指輪をもって、質屋《しちや》に駆けこんだこともあります。

弟と仲良し2ショット

弟が小学一年生、私が小学四年生のころ、父が地方へ出張、母は首都圏の結婚式場で司会を掛け持ちするなど、両親も留守がちになり、子ども二人で留守番することがよくありました。

弟は小さいころ、薬を飲むのが苦手《にがて》で、風邪をひいたときにはド貧乏なのにウナギを食べさせてもらえました。普段いいものをまったく食べていないので、ウナギなんて食べたら栄養が行きわたり、一発で風邪が治《なお》るのです。弟は「世の中にあるすべての食べ物の中でウナギがいちばんおいしい」と思い込み、「アイ・ラブ・ウナちゃん！」と言っていました。

仕事に出かけるとき、母は「家の前にある『やぶそば』で何を頼《たの》んでもいいからね」と言います。すると、弟は迷わずウナギの出前を頼むのです。

夜遅く母が帰ってくると、たどたどしい字で「ママ、半分食べてくださいー」と書いたメモが置いてあって、ウナギも、肝《きも》のお吸い物も、きれいに半分残っていました。次はいつお目にかかれるかわからないウナギを、外で仕事をしている親のために半分残しておいてくれるわが子のやさしさに胸を打たれ、母は涙ながらにそのウナギを食べたそうです。

翌日も仕事で両親が留守にするときには、二日連続で「やぶそば」に出前を頼むことができました。でも、私は家計の事情がよくわかっていたので、「昨日ウナギを食べたんだから、今日はたぬきうどんにしなさい」なんて言って、ケンカになったものです。

「一杯のかけそば」の半分くらいド貧乏な家庭で、私たちは明るく、たくましく育ちました。

夫に従って、夫を従える

穏《おだ》やかで、いつもニコニコ笑っていた父・ライス。友人からはいつも「まるちゃんのお父さんって、本当にやさしそうだよね」と言われていましたが、私たちが小さいころはかなりのくせ者だったのです。

私が三歳のとき。母の誕生日に、父は目覚まし時計を投げつけたそうです。

それを目《ま》の当たりにしてしまった私は、その晩、母と寝るときに、「ママがかわいそうだ。あまりにもかわいそうだ」と泣いていたらしいのですが、母は幼い娘が同情する言葉に、思わず笑ってしまったと言っていました。

短気で癇癪《かんしゃく》持《も》ちの父は、母の帰宅が遅いとよく「ちゃぶ台返し」ならぬ「テーブル返し」をしていました。テーブルに置いてある食器はこっぱみじんです。あの小さな体で、よくあの大きなダイニングテーブルをひっくり返せたなあ、と思います。タンスの引き出しも放《ほう》り投げて、家の中をめちゃくちゃにして暴《あば》れたこともありました。

弟は、「お父さん、やめて!」と、そのたびに大泣きしていましたが、私はただ、冷《さ》めた目で見ていました。

両親は本当によく夫婦げんかをしていたので、私は、「いつか離婚してしまうのではないか」との緊張感で張り詰めていた時期がありました。

後年、父は当時のことを、こんなふうに言っていました。

「夫婦仲が悪くなっていたとき、おじょうが『パパとママ、どっちについていくか迷ってる』って言ってくれたんだよね。『え！　パパも選択肢《せんたくし》に入れてくれてるの？』って、感動したんだよ～」

短気で暴れる父。それを笑いながら「はい、はい」と、同じ土俵《どひょう》に乗ることなく、明るく朗《ほが》らかに包み込み、乗り越えていく母。「ライちゃん、ライちゃん」と、父をリスペクトし、大切にしているうちに、父の悪いところが少なくなり、いいところがどんどん出てくるようになったのです。「妻の力はすごいな」と思いました。

母は、「従《したが》って、従わせるのよ」と秘《ひ》技《ぎ》を教えてくれました。

でも、子どものころの私は、こんな父が疎《うと》ましく、避《さ》けたりもしていました。気が短く、すぐに怒るのに、愚痴っぽいところがイヤで「インキンタムシ」と呼んで嫌《きら》っていた時期もありましたし、ヘンテコリンな父に、「おもしろくなくてもいいから普通のお父さんになってほしい」と、懇願《こんがん》したこともありました。

父は、私が風邪で寝込んでいたとき、「芸人が風邪で休むな！」と部屋に怒鳴《どな》りこんできたことも……。いやいや、私、小学生ですから。

ぜんそくの診察に行くと、いつも先生に余計なことを言うので、発作《ほっさ》を起こしながらも待合室でチェックを入れます。

「お父さん、お医者さんに症状を何て説明するか、ここでやってみて」

「タンがタンタン出るんです」

「だから、そういうのがいらないんだって！」

あぁ、本当にめんどくさい。

あるとき、父に座右《ざゆう》の銘《めい》を聞くと……。

「寄らば大樹《たいじゅ》の陰《かげ》！」

それを聞いた勝丸は、「オレは、長いものに巻かれろ！」

こんな調子でキャッキャと笑っている二人にあきれました。

わが家はシャレと冗談《じょうだん》がまかり通る家庭だったので、冗談が通じない人には、「この家族とは、まともに付き合えそうもない」と思われていたかもしれません。

父の名を継いだ弟・翁家勝丸

父・林家ライスは、中学を卒業してすぐに落語家の世界に入り、芸一筋の一生を歩みました。そして、私の弟・翁家《おきなや》勝丸も、高校を中退して芸の世界に入りました。

中学時代の弟は野球に夢中でした。なのに、ある日、学校から家に帰ってくると突然、家族の前でお座敷《ざしき》芸《げい》を始めるのです。顔をふすまの後ろに半分隠して、後ろから引っ張られるように見せて客を笑わせる。こういうお座敷芸が素人《しろうと》にしてはバカにうまく、両親は弟をパントマイムやタップダンスの教室に通わせるようになりました。

その後、十八歳で太神楽曲芸師《だいかぐらきょくげいし》・翁家勝之助《かつのすけ》師匠のもとに弟子入りした弟は、「母《かあ》ちゃん、芸名が勝丸になったら父《とう》ちゃん喜ぶかな?」と母に訊《き》いてきたそうです。父が落語家に弟子入りしたときの名前は「三升家勝丸」。

弟はその父と同じ「勝丸」と名乗ることになったのです。

林家ライスの父は、一九四一年に勃発《ぼっぱつ》した太平洋戦争で戦死しました。ですから、その年に生まれたライスは、お父さんの存在が記憶にありません。そんなライスは、自分が息子とどう接したらいいのか、よくわからなかったようなのです。仲良くキャッチボールするわけでもなく、親子なのにどこか疎遠《そえん》な感じが見て取れました。そんな父の名前を息子が〝襲名《しゅうめい》〟したのですから、父はどれほどうれしかったことでしょう。

じつは、弟は小さなころから吃音《きつおん》がありました。思っていることをしゃべろうとしても「だだだだ」と同じ言葉で詰まってしまい、言葉がうまく出てこないのです。きょうだいゲンカになると、いつも私のほうがしゃべり勝ちしていました。

太神楽曲芸師のもとに弟子入りした弟は、父・ライスから「落語家の修業もしておいたほうがいいよ」と言われ、落語の修業をして寄席にも出るようになります。吃音で悩んだ弟が人前《ひとまえ》で落語ができるまでになったことは、私たちにとって大きな驚きでした。

弟が落語の世界に弟子入りすると、おもしろいことがあったそうです。

「お前さん、勝丸っていうのか。そういえば昔、勝丸という、よくしくじる落語家がいたんだよ。師匠から『上着《うわぎ》取って』と言われたのを聞き間違えて、ウナギの出前を取っちゃったりね。しくじりはさんざんあったなあ」

「私は、その勝丸の息子なんです」

「へえっ！　お前さん、あの勝丸の息子かい！」

楽屋でお師匠さんたちと一緒になると、昔の父の笑い話でよく盛《も》り上がったそうです。

「全国どこでも出前漫才」

さて、話を戻します。

時は流れ、両親は一九八八年に東京・吉祥寺《きちじょうじ》の異業種《いぎょうしゅ》交流会の立ち上げに参加します。そのとき、父は「交通費だけ出してくだされば、僕たちはどこでも出前漫才をやりますよ。ただし、六十歳以上が三人集まるのが条件です」と宣言したのです。そこにたまたま新聞記者がいて、こう訊かれました。

「先ほどの出前漫才の件ですが、出かけるのは地元の武蔵野《むさしの》市内だけですか」

「いや、全国どこでも行きますよ」

「それだったら紙面が空《あ》いたときに記事を書きましょう」

こうして翌週から朝日新聞や東京新聞に紹介記事が次々と出たのです。

「茶の間に行きます。笑ってください」

「お年寄り宅へのお笑いの〝出前〟」

新聞にこんな大見出しが躍《おど》り、自宅住所や電話・ファクスの番号まで丁寧《ていねい》に掲載されています。結婚式やパーティーの司会をメインの仕事として食《く》いつないでいた両親に、大きなチャンスが訪れたのです。

さらに、その記事を見たフジテレビのディレクターから連絡が来て、出前漫才の様子が『3時のあなた』（フジテレビ系列）というワイドショーで二十分間にわたって放送されたのです。

　フジテレビのディレクターから、「この番組で二十分のコマーシャルを流すと七千万円かかるんですよ」と言われた両親は、「そんなにかかるんですか？　だったら私たちはテレビに出なくていいので、百万円いただきたいですねえ」なんて冗談で返したそうです。

　この朝日新聞の記事と『3時のあなた』をきっかけに、全国からバンバン電話がかかってきて仕事を頼まれるようになりました。


お年寄り宅へお笑いの〝出前〟

林家カレーさん・ライスさん

プロの夫婦漫才

無料で全国どこへでも

お年寄りに漫才の〝出前〟をすることになった林家ライスさん（左）とカレーさん―武蔵野市福祉会館で

「お年寄りにお笑いを届けます」――武蔵野市に住むプロの夫婦漫才コンビが「お年寄り宅へ無料で出向きます」と三十日、同市緑町二丁目の武蔵野市福祉会館で開かれたボランティア演芸会で〝出前の注文〟を呼びかけた。高齢化社会が進み、さびしい思いをしているお年寄りに笑顔を取り戻してもらおうというのが狙いで「交通費だけ負担してくれれば、全国どこへでもお邪魔します」といっている。

　この漫才コンビは同市中町二ノ二四、林家ライスさんとカレーさんの夫婦。

　ライスさんは十六歳の時、落語家三升家小勝師匠に弟子入り。落語家としてスタートしたがその後、漫才に転進。しかし、コンビ分かれしたことから演芸界を引退した。

　四十六年、クラブ勤めをしていた時にOLだったカレーさんと結婚、寄席の魅力を捨て切れず、五十一年に故林家三平師匠に入門した。一年前から二人でコンビを組み、結婚式やパーティーが主な活動の場になっている。

　今回の〝出前漫才〟のきっかけは、二人の〝育ての親〟で放送作家丸目狂之介さんから「年寄りを大事にする漫才をやってみないか」といわれたのがきっかけ。

　ライスさんはこれまでの舞台経験で「お年寄りは真剣に拍手してくれる」ことを知っている。さらに、最近の漫才はお年寄りや弱者を笑い者にするネタが多いことにも不満があった。

　「お年寄りは孤独です。私だって、あと十五年もすれば還暦。お茶の間に笑いを届けてグチなんかも聞いてあげたい」とこの話に乗った。

　二人の出前漫才は、三人以上の集まりなら全国どこへでも、実費（交通費）だけ負担してもらえれば〝配達〟するという。

　申し込みは手紙かファクス＝0422（51）9161＝で。

立川バス

あすから

昭島・松中線

　立川市の西砂川地区で一日から、市の補助金で路線バスが大幅に増発される。ルートは立川市内の松中団地操車場から昭島市内の青梅線昭島駅南口の約五・四㌔を結ぶ立川バスの昭島・松中線。現在は平日に一日四往復、休日の下りは一本だけと少ないが、増発されると平日は上り二十二本、下り二十三本、休日は上り二十二本、下り二十四本と約五倍の運行になる。

　西砂川地区は最近、人口が増え始めてバスの増発を望む声が高まっていた。しかし、バス会社の試算では増発すると大幅な赤字が見込まれるた

林家ライス・カレー子の「出前漫才」を大きく報じた東京新聞（1988 年 5 月 31 日付）

交通費だけで全国どこへでも出かけるというユニークな出前漫才は、東武《とうぶ》デパートのお中元に採用されたこともあります。人生、どこにチャンスが転《ころ》がっているかわかりません。もらい事故に遭えば不運ですが、まるで宝くじに当たるように突然、こんなラッキーアイテムに当たることもあるのです。

「環境漫才」の始まり

一九九二年から、林家ライス・カレー子は「環境漫才」をスタートしました。これはほかの芸人がまだだれもやっていない独自のジャンルです。

「奥多摩《おくたま》の水源地に空き缶を捨てる不届き者がいるんだってね。そういうことをしたら水が汚れちゃって大変だね」

「オシッコをする人はもっとひどいですよ。オシッコをするとどうなると思いますか？」

「どうなるんでしょうねえ」

「シッコー猶予《ゆうよ》になるんですよ」

そんなやりとりでお客さまをゲラゲラ笑わせるのです。

「環境漫才」を始めたきっかけは、バブル経済が弾《はじ》けた九〇年前後、リサイクルやエコロジーなど、環境に関連した事象《じしょう》が社会の話題になったことでした。

ある自治体から「リサイクルを進めるための漫才をやってほしい」と頼まれたことをきっかけに、独学で勉強を始め、ごみの分別《ぶんべつ》運動、リサイクルや地球温暖

環境漫才で一躍、有名になった林家ライス・カレー子

化といった真面目《まじめ》なテーマを笑いに盛り込んだ漫才をやるようになったのです。

「思いは地球規模で！　行動は足元から！」をモットーにした両親の環境漫才のネタには、こんなものもありました。

「ごみ箱になんでも捨てたらモッタイナイ！　捨てればごみでも分ければ資源」

「そうですよ〜。私は、『いらない』って放り出されていたこの人を拾って、夫としてリユースしてるんですから」

夫婦で〝環境漫才〟

林家ライス・カレー子さん

〝笑い〟で環境問題の啓発を―。環境カウンセラー（環境省認定）の資格を持つ漫才コンビの林家ライスさん（66）とカレー子さん（59）の夫婦は、身近な環境問題をネタに全国各地へ〝出前漫才〟を行っている。北海道から鹿児島まで20年間で約1500回。「話題のニュースをかみ砕き、分かりやすい言葉で環境行動を促したい」という2人は、「思いは地球規模、行動は足元から」とぴたりと息を合わせる。（佐々木）

余り布や古着を加工したステージ衣装に身を包み、小気味よい漫才を展開するライスさんとカレー子さん。ユニークな芸名は「ハヤシライスが好きな三平師匠が付けました」。

「1時間半は当たり前」という環境漫才のネタにはごみの減量問題から福祉、防犯、定年後の夫婦関係まで自らの体験や実験がデータとして織り込まれる。こまめな節電や洗剤を使わない洗濯に加え、「7割が水分」という生ごみの捨て方など〝もったいない精神〟を地で行く2人は節約生活を楽しむ。2人のなれ初めも環境夫婦ならでは。〝バツイチ〟のライスさんと結婚したカレー子さんは「36年前、わたしが夫として再利用しました」。

元はなし家のライスさんは、10年間のブランクを経て1976年に林家三平に弟子入りした。2年後にはカレー子さんも入門。その後、結婚式の司会など〝ピン〟の活動が続いたが、87年に夫婦で漫才コンビを結成。日本文化使節団でのブラジル慰問や施設での漫才などネタが受けずに何度も涙を流したというが「見せる地獄に、見る極楽」と地道に話芸に励んできた。

〈2面に続く〉

思いは地球規模/行動は足元から

余り布で作った赤のブレザー、「元はペットボトル」というカーテン生地で作ったドレスを身にまとう林家ライスさん（左）カレー子さん

「環境漫才」で注目を集め、「定年時代」（2008 年 9 月下旬号）でも紹介された

「そうなんです。再利用なんです！」

じつは、父・ライスはバツイチだったのです。それというのも、二十三歳のとき、結婚詐欺《さぎ》みたいな手口に引っかかってしまったせいなのです。

父の実家は、横浜の矢向《やこう》の駅前で旅館を営《いとな》んでいて、そこそこのお金持ちだったのですが、あるとき、父の母親（私にとってはおばあちゃん）が入院したとき、付《つ》き添《そ》いヘルパーとしておばあちゃんの身の回りの世話をしてくれた女性がいたそうです。

その人は二人の男の子を育てているシングルマザーで、おばあちゃんの家の資産を目当てに父に言い寄ってきて、無理やり結婚を迫《せま》ってきたそうです。お人好《ひとよ》しの父は年上の女性の誘惑《ゆうわく》を断《ことわ》ることができず、ついに陥落《かんらく》。すっかり騙《だま》されて入籍し、いきなり二人の息子たちの父親になってしまったのです。

その結婚生活はめちゃくちゃでした。

あるとき、父が仕事で大物演歌《えんか》歌手と一緒に北海道巡業《じゅんぎょう》へ行き、自宅に帰ってきてみたら、その女性に任《まか》せていたお店が知らないうちに売られていて、父はびっくりしたそうです。当時のお金にして約五百万円！「後妻業《ごさいぎょう》」さながらのその女性はお金を手にすると、すぐに別の男の人に乗り換え、父のもとを離れていきました。

とはいえ、ここでバツイチになっていたおかげで、その後、私の母・カレー子と結婚できたのですから、結果オーライです。

さて、この話には後日談があります。

あるとき、私の両親、林家ライス・カレー子が講演会を頼まれて出演したとき、司会をしてくれた一人の青年が楽屋《がくや》に訪ねてきました。

「ライスさん、僕のこと覚《おぼ》えていますか？」

なんと、その青年はあのときの息子たちの一人（弟のほう）だったのです。立派に成長した姿に、父は本当に驚いたそうです。

その青年の母親（つまり、ライスの元妻）は結局、四回も結婚・離婚を繰《く》り返したようです。彼は、「僕は、ライスさんがお父さんだったときがいちばん幸せでした」と話してくれたそうです。

こうして紆余曲折《うよきょくせつ》ありながらも、林家ライス・カレー子は夫婦で漫才をやり続け、生き延《の》びてきました。

テレビのゴールデンタイムでレギュラー番組をバンバンもっているわけでもありませんし、芸人の売れ方としては低空飛行《ていくうひこう》ですが、そうであっても、墜落《ついらく》することなく、「出前漫才」と「環境漫才」という独自路線を確立しながら生涯現役で人を笑わせ続けたのです。

江戸落語の第一人者と言われた古今亭志《ここんていし》ん朝《ちょう》師匠が、ある打ち上げの席で、カレー子と勝丸が親子で仲良くデュエットして盛り上がっている様子をうれしそうに眺《なが》めているライスを見て、「兄《あん》ちゃんがこんなに幸せになるなんて思わなかった」とつぶやいたひと言を、父は大切にし、生涯忘れることはありませんでした。

中入り

笑いの英才教育

父は私のことを「おじょう」、弟のことを「ぼっちゃん」と呼んで、溺愛《できあい》してくれていました。

二人で父に「その呼び方はやめてほしい」と直談判《じかだんぱん》したところ、「おこづかいをあげるから呼ばせてほしい」と懇願され、私たちは素直に買収《ばいしゅう》されました。

わが家では、おこづかいのシステムも変わっていて、「ネタ提供おこづかいシステム」というのがありました。

何かとんちが利《き》いたことを言ったり、シャレやギャグを考えると「一塁打」百円。「二塁打」二百円。「三塁打」三百円。「ホームラン」四百円と、父がネタを買い取ってくれるのです。

「おじょう！　それおもしろいね！　使わせて！」

このほか、テストの点数を「一点＝一円方式」としたものもありました。

四十五点だったら四十五円。百点だったら百円。というわけで、おこづかいほしさに子どもたちは勉強するわけです。

がんばって百点を取るようになると、子どもたちも悪知恵が働きます。一度見せた百点のテストを、時間をあけてまた見せて、百円の二重取り！

これはうまくいきました。シメシメ……と思っていたところ、しばらくすると、テストに赤字で何やら書かれて返ってきました。

「支払い済み」

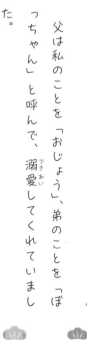

第三章 父・林家ライスの波瀾万丈な人生

Ups and Downs

U Special 中村慶子 thanks 溝脇恒子 Special 宮本サリー thanks 寺山優子 Special 米田憲司 thanks 米田みどり Special 古川武久 thanks 小林道雄 Special 小林道子 thanks 石井群啓 Special 石井和行 thanks 田代恭子 Special 佐藤雅代 thanks 中村友子

A Special 深井利春 thanks 青鹿美恵子 Special 菊地美佐子 thanks 国分紀子 Special 斉藤北雄 thanks 山崎義孝 Special 安西孝丸 thanks 鶴亀次郎 Special 山崎文明 thanks 栗原美穂 Special 金澤圭子 thanks 竹田伸世 Special 田中華寿美 thanks 関悦子 Special 吉井真弓 thanks 村田利美子 Special 土方大輔 Special 土方由美子 Special 土方弘子 Special 加藤辰雄 thanks 加藤ひろ子 Special 加野幸司

D thanks 加野美佐子 Special 宮下利通 thanks 安部隆雄 Special 安部由紀子 thanks 植松敏子 Special 落合勝利 thanks 塩入雄三 Special 塩入みどり thanks 冨髙賢治 Special 冨髙久美子 thanks 金子恵一 Special 菅野正明 thanks 菅野けい子 Special 清水昭子 thanks 高橋和子 Special 津田ユサ子 thanks 金子良子 Special 渡辺富士子 thanks 安部裕子 Special 嶋崎百合香 thanks 東純子 Special 星野優子 thanks 森脇多恵子 Special 山本栄 thanks 山本昭子 Special 宇津木恭子 thanks 前田啓子 Special 沖島則子 thanks 林由紀子 Special 石井和雄 thanks 小林久美子 Special 野口慶子 thanks 中村章

歩道橋から転落して死にかける

芸人の父・林家《はやしや》ライスは、とにかく豪快《ごうかい》な人でした。

二〇一四年十月十二日、酔《よ》って歩道橋から転《ころ》げ落ち、死にかけたのです。

父は鉄道が大好きで、この日は母が出かけたあとに近所の歩道橋の上に陣《じん》取《ど》り、電車を眺《なが》めながら、ご機《き》嫌《げん》でお酒を飲んでいました。

「カレー子ちゃ〜ん、いま、どこにいるの〜?」

こんな猫《ねこ》なで声で父から電話がかかってきたので、「こんな時間にそんな声出してたら大変だよ。一刻《いっこく》も早く家に帰りなさい」と母がたしなめたところ、そのあと酔っぱらって階段を踏《ふ》み外《はず》し、転落してしまいました。

なにしろ歩道橋の階段のいちばん上から下まで、ゴロゴロと転げ落ちたから、さあ、大変! 急所をあちこち打ち、大量出血で意識不明。後頭部を九針も縫《ぬ》う大ケガでした。即死でもおかしくない状況だったと思います。

連絡を受けて病院にいち早く駆《か》けつけてくれたのは、私の夫・隆《たかし》くんでした。頭からネットをかぶった父は「ごめんね、ごめんね」と謝《あやま》って、ワンワン泣いていました。それなのにプロボクサーで流血《りゅうけつ》に慣れている隆くんは、開口いちばん、ライスに向かってひと言。

「お義父《とう》さん！　オーバーです」

いやいや、オーバーじゃないと思うんだけど。

これほどの大ケガをした父でしたが、翌日、医者に行くと「あと一回来れば完治《かんち》です」と言われ、なんと、入院することもなく、事故の翌々日には舞台に立っていました。

このとき、ジィジの姿を見た私の娘・こっちゃん（当時２歳）は、その後、梨のネットをかぶって「ごめんね、ごめんね」と真似するようになった

父はそれまで、お酒のしくじりを家族に始末《しまつ》させたことは一回もありません。間違えてお酒を吐《は》いてしまうことがあっても、片づけは全部自分で、きれいにやります。

その父があそこまでしくじったのは、過去に一度も例がありません。本当はあのとき死んでいてもおかしくなかったところ、父は運よく三年半も寿命を延《の》ばし、その三年半を使って、今世《こんぜ》に積み残した使命《しめい》を一つひとつ果たしていったのです。

鉄道が大好きだった「乗り鉄」の父

母・カレー子とおしゃべりしていると、鉄道をめぐる父のおもしろエピソードがたくさん出てきます。

初めてボーナスをもらったとき、父は大喜びしてどこかへ遊びに出かけてしまいました。その日は家に帰ってくることなく、翌朝六時に電話がかかってきたそうです。

「これからママの家（長野県の実家）に寄ろうと思うんだけど」

「いま、どこにいるの？」

「松本」

「なんでそんなところまで行ったの？」

「だってさ、僕が新宿に来たら、特急列車がドアを開けて僕のことを待っててくれていたんだよ」

それで突然、長野の松本まで乗って行ってしまうほど、鉄道が大好きでたまらないのです。

九一年六月には、テレビで火《か》

鉄道での旅が大好きなライスは駅弁を食べ、ビール片手にご満悦。足がギリギリ届いている!?

碎流《さいりゅう》が流れる映像を見ながら、「ママ、大変だ！　長崎の雲仙《うんぜん》・普賢岳《ふげんだけ》が爆発した」と大騒ぎし始めました。「夜は天ぷらを食べたいね」と話していたと思ったら、いつの間にか父はそれっきり姿を消してしまったのです。

父は玄関からソーッと靴をもって二階に上がり、隣の家のベランダを通って、隣の家の玄関から脱走《だっそう》したようです。

そして、翌朝。電話をかけてきて、母にこう言いました。

「いま、（雲仙の）避難所の小学校に来ているんだけど、みんな大変なんだよ。ママも早く飛行機でこっちへおいでよ。みんな大変だから、ここで漫才《まんざい》をやってあげようよ」

「ライちゃん、いまは人が大勢亡《な》くなったばかりで漫才どころじゃないから、とっとと帰ってらっしゃい！」

母がそう言って叱《しか》ると、父はおみやげの一升瓶《いっしょうびん》を大事そうに抱《かか》えて東京に帰ってきました。

ほかにも、私が父と一緒に寝台特急《しんだいとっきゅう》「北斗星《ほくとせい》」で上野から札幌まで十六時間かけて行ったとき、「まもなく、札幌〜」と車内アナウンスが流れてくると、父は、「え〜っ、もう着いちゃうの？」としょんぼり。長旅に飽《あ》き飽きしていた私は、「どんだけ鉄道が好きなんだ！」と苦笑《にがわら》いでした。

降って湧いた痴漢冤罪事件

かつて、結婚詐欺《さぎ》まがいの女性に騙《だま》されたり、殺人犯に間違えられ、容疑者として取り調べを受けたりしただけでも災難なのに、父の人生は波瀾万丈《はらんばんじょう》でネタに事欠《ことか》きません。

なんと、最晩年の七十五歳にして、とんでもない痴漢冤罪《ちかんえんざい》事件に巻き込まれてしまったのです。

二〇一六年夏、NPO法人からの依頼を受け、武蔵野《むさしの》警察署の講堂で林家ライス・カレー子の「防犯漫才」をやってほしいと頼まれました。「むさしの歩こう会」で地元を歩き、防犯セミナーを楽しく学んだあとに、防犯をテーマにしたお笑いでイベントを締《し》めくくってほしいというのです。両親は快《こころよ》く依頼を引き受けました。

ところが、数日後。そのＮＰＯ法人の会長から「話があるんだけど」と母に電話がかかってきたのです。

「うちの事務局に『防犯漫才をやってもらうのはふさわしくない』と言ってきた人がいるんだよ」

詳《くわ》しいこともわからないまま、たった一件のクレームによって、林家ライス・カレー子の大切な仕事が一つ吹っ飛んでしまいました。

すぐに母は、武蔵野警察署防犯課に「防犯漫才の企画がボツになりそうなんですけど、警察のほうで何か話を聞いていますか？」と直接問い合わせました。すると、「いえ、警察は関係ありません。警察は防犯漫才の会場を提供するだけですから」と言うではありませんか。

ウソも百回言えば本当になる　デマの怖さ

不審《ふしん》に思った母がさまざま調べたところ、どこからか「林家ライス痴漢説」が流されていたのです。

九九年五月三十日、わが家と家族ぐるみで親しくしていたノブくんの通夜の帰りに、「林家ライスが車の中で女の子に痴漢した」というまったくのデマでした。ここから名探偵・林家カレー子の懸命の捜査が始まりました。

やがて、この噂《うわさ》の発信元が近所に住むAさんであることを突《つ》き止め、本人に電話して問い詰《つ》めると、慌《あわ》てて「古い話だよ。話を大きくしないでくださいよ」なんて言います。

母は毅《き》然《ぜん》として、「私たちを応援してくださっている方は大勢います。この話が本当であれば、私たちは責任を取らなければいけません。でも、その前に裏（話の裏づけ）は取りますからね」と言いました。

それから母は、すぐに関係者の証言を取るなど、調査を続けました。

でも、その日、事件が起きたとされる車に林家ライスが乗り合わせていたと言う人はだれもいません。なにしろ通夜の日、私たち家族は弟の運転するワンボックスカーで父と一緒に行動し、自宅まで帰ってきたのです。悪質《あくしつ》なデマとしか言いようがありません。

結局、Aさんの言うことは何から何まで辻褄《つじつま》が合わず、「When」（いつ）、「Who」（誰が）、「Where」（どこで）、「What」（何を）、「Why」（なぜ）、「How」（どのように）の「5W1H」が抜《ぬ》け落ちていたのです。

真実を明らかにする母・カレー子の戦い

名探偵《めいたんてい》・林家カレー子の追及《ついきゅう》はこれだけでは終わりませんでした。母はAさんを厳しく問い詰めました。

「その被害があったというのは九九年のことですよね。いまは二〇一六年です。なぜ、十七年もの間、そのことを私たちに直接、言ってこなかったんですか？　なぜ十七年後のいまになって突然、そんな話が降って湧くんですか！」

「当時は娘に、『話を大きくしないでくれ』と頼まれていたんだよ」

「警察には行きましたか？」

「行かないよ」

「なんで警察に行かなかったんですか」

「だから娘に、『話を大きくしないでくれ』と頼まれたからだ」

もし林家ライスが本当に犯罪者だとしたら、証拠を示されれば「やったこと」は証明できます。でも何もやっていない場合、「やっていないこと」を客観的に証明するのは不可能に近いのです。これを「悪魔《あくま》の証明」と言います。

林家ライスは悪質なウソつきの罠《わな》にハマり、「痴漢なんてやっていない」と証明できないまま、ザワザワと噂だけが広まっていったのです。

妬みとやっかみで足を引っ張られる

このような悪質なデマが流された背景には、林家ライス・カレー子に対する嫉妬《しっと》があったようです。両親は地元の武蔵野警察署で開かれる防犯セミナーに呼ばれて「防犯漫才」を定期的にやっていました。

このエリアにはＪＲの武蔵境《むさしさかい》駅、三鷹《みたか》駅、吉祥寺《きちじょうじ》駅という三つの駅があります。武蔵野警察署の警察官と一緒にこの三つの駅へ出かけて、「痴漢は犯罪です」と書かれたチラシを配《くば》って防犯のＰＲに協力してきました。

武蔵野警察署の人たちは、「今日は林家ライス・カレー子師匠も一緒にチラシ配りをやってくれています！」と、両親のことをマイクで紹介してくれます。Ａさんは、そういう両親の様子を見ながらヤキモチを焼いたのでしょう。

地域の防犯運動を手伝っているボランティアの婦人たちは、それまで林家ライス・カレー子の寄席が地元で開かれると、毎回観《み》に来てくれました。ところが、デマが広まって以来、彼女たちは寄席にはピタッと来てくれなくなってしまったのです。

デマによる悪い印象を取り除くのは容易《ようい》ではありません。とくに人気商売である私たちは、根も葉もない噂であっても、仕事を次々と失うほどの風評《ふうひょう》被害をこうむるのです。

ピンチをチャンスに変えた大勝利

デマが発覚した当初、私たちは名誉毀損《めいよきそん》裁判を起こすことも検討しました。弁護士チームを作って名誉毀損裁判をやるとなると、まず着手金《ちゃくしゅきん》百万円を準備しなければならず、裁判が終わるまでには何百万円も弁護費用がかかります。徹底的に争うとなれば、二年、三年と裁判で消耗戦《しょうもうせん》を強《し》いられるでしょう。十七年も前の話ですから、乏《とぼ》しい証拠を集めるのは至難《しなん》の業《わざ》です。

幸い、この事件は民事訴訟《そしょう》までは至《いた》らず、名探偵・林家カレー子の粘《ねば》り強い調査によってウソが証明されました。

このように、あらゆるトラブルに見舞われながらも、父はその都度《つど》、苦難を乗り越えてきました。難が次々と起きても、「さあ、今度の難はどうやって解決しようかな？」と楽しみながら乗り越える。困難すら楽しんでしまう。いつの間にか、それが私たち家族の生き方になっていました。

ちなみに痴漢冤罪が発覚《はっかく》した当時、母がねぎしのおかみさんに、「おかみさん、すみません。ライスが痴漢に間違えられまして」とご報告しました。たとえ冤罪とはいえ、フェイクニュースが広まって林家の看板に傷《きず》をつけてはいけませんから。

するとおかみさんはひと言、「やりそうね」とおっしゃいました。さすがはおかみさん、何があっても動じない境地《きょうち》です！

詐欺集団「原野商法」との攻防戦

さて、難といえばもう一つ、父は詐欺に引っかかったことがあります。「原野《げんや》商法」という詐欺の手口をご存じでしょうか。

「この土地は値段がドーンと上がります。いまのうちに買っておけば、近い将来、必ず大儲《おおもう》けできますよ」

そんな謳《うた》い文句で、まったく価値のない土地を売りつける悪質なビジネスです。

昔はＬＣＣ（格安航空会社）の安いチケットなんてなく、本州にいる人が北海道まで出かけて、自分の目で土地の価値を確かめるのは容易ではありませんでした。そのころから、パンフレットや資料を見せて北海道の原野を売りつける手口が始まったのですが、その「原野商法」に、父はまんまと引っかかってしまいました。

私の両親が結婚したのは、七一年のことです。それより前の時代に、父は親の財産を使って那須塩原《なすしおばら》の土地四百坪を購入しました。当時の値段で一千万円を超《こ》える買い物だったそうです。

公務員の初任給が、二万七千六百円（六八年）、三万一千円（六九年）、三万六千百円（七〇年）、四万一千四百円（七一年）と右肩上がりでグングン伸びるいい時代でした。

「新幹線が通り、国会が移転してきて、土地の値段が十年以内に二倍、いや三倍にまで膨《ふく》れ上がる」なんて言われれば、「そうかもな」と信じてしまうかもしれません。それにしても、こういう物価の時代に一千万円ものお金をポンと払《はら》うとは、なんということでしょう。

六畳一間のアパートに届く税金の督促状

那須塩原の土地を買ってしまったせいで、両親の結婚生活は六畳一間からのスタートでした。結婚式の資金や生活資金や親から相続した資産を、当時は犬も寄り付かないような、どうしようもない土地に使ってしまったのです。

「塩原カントリークラブロッジ前」という土地を買うとき、父は、「水道は引いてありますから」と言われました。でも、現地に行って水道をひねってみると、水道管が壊《こわ》れていて管ごとボコンと抜けてしまったのです。水道が引いてあったのではなくて、ただそこに水道管が挿《さ》してあるだけでした。その土地は値段がどんどん上がって儲かるどころか、いつまで経《た》ってもちっとも売れません。自治会ができ、総会に参加すると、「熊が出る！　注意！」と看板が出ていました。ただでさえ売れる見込みがないのに、そんな看板を出されたら、なおさら売れなくなってしまいます。

わが家のとんでもない〝お荷物〟は半世紀近くも売れる予兆《よちょう》がなく、那須塩原の地で風雨にさらされ、自治会費と草刈りの費用がかかっていきました。

あるとき母が訊《き》いてみたそうです。

「なんでライちゃんはこんな土地を買っちゃったの？」

「だって、黒塗《くろぬ》りの車が迎えに来てくれて、塩原温泉に泊《と》めてくれたんだもん」

接待に弱い父は、詐欺集団の接待漬《づ》けにやられて二束三文《にそくさんもん》の土地を買わされてしまったのでした。

若き日の両親が六畳一間で暮らしているとき、税務署から突然「八十二万円の税金を払いなさい」という書類が届いたそうです。当時の父の給料は月三万円、家賃は一万円。大きな土地をもっていると、固定資産税だけでもバカにならない金額が発生するのです。困っていると、今度は父方の叔母《おば》がいきなり「志都生《しづお》（ライスの本名）にお金を貸していた！」と、催促《さいそく》しに来たのです。泣きっ面《つら》にハチでした。

またも詐欺師に狙われる

そのうち那須塩原の役所から、「この土地には税金はかかりません」という通知が届きました。原野にまったく価値がないことが役所によって証明されてしまったのです。父はガックリきました。土地がいつか売れることを楽しみにしていたからです。

すると、タイミングよく不動産販売の営業マンがわが家を訪ねてきました。

「この土地は中国人の富裕層《ふゆうそう》に売れます。彼らは日本の土地がほしくて、ほしくてたまりません。土地は確実に売れますから、中国人のお客さんに向けてパンフレットを作りましょう。つきましては、パンフレット代が三十六万七千五百円かかりますが、これだけの宣伝費を投資《とうし》しても、何十倍もの利益《りえき》が出ます」

三十六万七千五百円とは、なんとも微妙《びみょう》な金額だと思いませんか。百万円でもなく、五十万円でもない。だれだってがんばれば出せてしまえそうな、払えなくはない金額です。

父は営業マンの言うことを信じて、思いきって三十六万七千五百円を投資しました。ところがその後、営業マンからは待てど暮らせどまったく〝売れた〟との連絡が来なかったのです。

玄関についていた詐欺グループのマーキング

両親はそろって、だれかが訪ねてくるとすぐ家に上げてお茶を出し、話を聞いてしまう人なつっこい性格です。営業マンさえも家に上げてしまい、掃除機でも羽毛布団《うもうぶとん》でも健康食品でも学習教材でも、「これはいい商品ですよ」と言われたら、何でも信じて買ってしまいます。だれでも大歓迎（ウェルカム）なのです。

ある日の夕方、「原野商法」の営業マンが来たときは、酒盛《さかも》りになり、飲みすぎた営業マンが本音を漏《も》らして難を逃《のが》れたこともあったそうです。

そんなとき、父がテレビを見ていたら詐欺特集をやっていて、みのもんたさんが、「詐欺に引っかかる家は、玄関に印《しるし》があるんですよ」と言いました。

「へェ～、印があるんだってよ」と、両親がわが家の玄関を見てみると、本当に印がついていました。「この家はカモだよ」という合図として、表札《ひょうさつ》の下に○とか×とか、詐欺師だけがわかる印があるのです。この印を見つけた瞬間、父は「これだ！　消して、消して！」と大騒ぎしていました。

オレオレ詐欺にも狙われる

ちなみにオレオレ詐欺の電話も二回かかってきたことがあります。

一回目は、「はい、もしもし」と電話に出た父に「おば〜ちゃ〜ん！」と犯人の男が泣きついてきたのです。父の声はハスキーでしゃがれているので、おばあさんだと思ったのでしょう。すかさず父が、「ヨシオかい？　ヨシオかい？　悪い子だけど、ヨシオかい？」と返したら、切られてしまったそうです。

二回目は、父が亡くなってからの出来事です。

早朝、母の携帯に「オレだけど……」と、弟《おとうと》の勝丸《かつまる》ふうの男から電話がかかってきました。

「母《かあ》ちゃん、オレだけど……。いまさ、携帯なくしちゃってさ。たぶん、駅の忘れ物センターから電話かかってくると思うけど、オレの個人情報、全部話しちゃっていいから、頼むわ！」と言って電話が切れ、すぐに別の男から「駅の忘れ物センターです」と電話がかかってきました。

この会話は自動録音で保存されていたので、すぐに警察に届けましたが、私が聞いても勝丸にそっくりな声と話し方。「これは騙されるわ」と怖くなりました。

奈良県警からの電話

ある日、奈良県警からわが家に電話がかかってきました。

「沼田さん（わが家の姓）、×年△月に土地を売るためのお金を三十六万七千五百円払いましたよね」

電話を受けた母が、「払いました」と言うと、

「沼田さん、あなた騙されていますよ」

「大丈夫ですよ。いろいろな書類も来ていますし、私たちが納得するものが届いています」

「いえいえ、それを信じちゃいけません。いまの詐欺は巧《たく》みなんですよ」

「え〜！　じゃあ、どうしたらいいですか」

「とりあえず武蔵野警察署に話をしてください」

そこで武蔵野警察署に電話をかけたところ、「その奈良県警っていうのは本物なんですかね」と言われました。もはや、だれが詐欺師でだれが味方なのか、信じられる人はだれもいません。

それから消費生活センターに電話をかけたり、四方八方《しほうはっぽう》手を尽《つ》くしていると、わが家を騙してパンフレット代をかすめ取った会社の社長が逮捕されました。この会社は二〇一二年から一四年にかけて、わが家のように原野商法で土地を買ってしまった被害者を騙して、パンフレット代で大儲けしていたようです。

社長が逮捕されたニュースを見ると、被害者は全国各地に五千人もいて、被害総額は十四億円近くに上ります。この会社はひどくて、なんとわが家にやって来た営業マンも社長から騙されていました。営業マンは真剣に「土地を売ろう」と思って、がんばって仕事をしていたのです。

その後、奈良の弁護士グループが立ち上がって集団訴訟《そしょう》を起こすことになりました。「東京の被害者はこの弁護士事務所に行ってください」と言われたので、両親が二人で出かけたところ、そこはとても立派な事務所でした。

受付の女性から「手数料が五千円だけかかります。それでもかまいませんか」と言われ、「ちょっと待て。ひょっとすると、この弁護士も怪《あや》しいんじゃないか?」と疑《ぎ》心《しん》暗《あん》鬼《き》になったそうです。でもこの弁護士のおかげで、あとから十万円ちょっと、お金が返ってきました。

二度あることは三度ある

この話には続きがあります。なんと「三度目の正直」ならぬ「三度目の詐欺」に騙されてしまったのです。

父が亡くなるちょっと前に、わが家はまたしても詐欺に引っかかってしまいました。真っ黒なスーツを着たホストのようなチャラ男《お》がやって来て、「僕が土地を売りますから」なんて言ったのです。

「あなたがもっている那須塩原の土地を買いたい人がいるんです。江戸川区の××さんという方が買いたいと言っています」

「ダメダメ。ウチはその手の話で騙されたことがあるから、もうそういう話には乗らないの。だいたい私たちは、これから浅草のスカイツリーまで仕事に行かなきゃいけないから忙しいの。そういう話には乗れない。さようなら」

「ちょっと待ってください。ウチの事務所はスカイツリーのすぐ近くにあって、事務所からスカイツリーが見えるんですよ。仕事に行く前にちょっと寄ってみてくれませんか。そうすれば、もっと詳しいお話ができますから」

「あれ、スカイツリーが近いの？　事務所から見える？　ああそう。じゃあ仕事に行く前にちょっと寄ってみようか」

そんなやりとりを経《へ》て、両親はノコノコとスカイツリーの近くにある事務所へ行ってみたのです。

すると、「江戸川区の××さんが土地をほしがっています。税金対策なので、値段はいくらでもいいそうです。現金ですぐ入金されますよ。その代わり、三十八万円を手付金《てつけきん》として先に入金してください」と言われました。

二人は顔を見合わせて、「どうする？　でも今回は目の前に買うと言ってる人がいるからね……」と相談し、念には念を入れて、真ん中に仲介者として行政書士の資格をもっている不動産屋を入れて、土地売買の契約を成立させてもらうことにしました。ところが、結果的に騙されてしまったのです。

「詐欺漫才」を開発

土地売買が成立したはずなのに、先方はちっともお金を払ってきません。先方の約束の期限である三月が近づいてきました。「もうこれ以上は期限を延ばせない」と言ったところ、三月初旬に電話がかかってきました。「長いことお待たせしました。三月三十日にそちらの指定する不動産屋に現金を持ってうかがいます。準備してお待ちください」

両親は、「いよいよこの日が来た」と、手に手をとって大喜びしました。「またしても騙されたかと思ったけど、意外な結末だったね」と言いながら、喜んでいたのです。

ところが、三月中旬に父が「ママ！　騙されたよ！」と悲鳴を上げました。土地売買を進めてくれていたはずの会社から手紙が届き、「皆さまには大変お世話になりました。諸事情がありまして、事務所は閉鎖《へいさ》することになりました」と書いてあったのです。

慌《あわ》ててスカイツリーの近くの事務所へ出かけてみると、そこはもぬけの殻《から》。してやられました！　こうなるとやけっぱちです。両親は、「今度は、だれが何と言って騙してくるのかね」なんて盛り上がっていました。

しかし、林家ライス・カレー子は転んでもタダでは起きません。

「賢い消費者」を漫談

詐欺商法だまされぬ

消費者トラブルに巻きこまれないための心構えを話す林家ライス・カレー子さん＝小松市で

小松市の符津地区老人クラブ連合会は二十日、「賢い消費者になろう講座」を養輪町公民館で開いた。夫婦の漫才師、林家ライスさん、カレー子さんが「笑いの中で考えるお金と人生」の題で、消費トラブル被害に遭わない心得をユーモラスに解説。約百四十人の高齢者が「詐欺商法にはだまされない」と気持ちを引き締めた。（白井康彦）

市生活安全対策室が各種団体の要請に応じて講師を選んで無料で派遣する「出前講座」として開かれた。林家さん夫婦は、社会問題を題材にした出前漫才を全国で展開している。

夫婦は最初に、振り込め詐欺の被害が多発していることを紹介して、善良な人をだまそうとする人間が多いことを強調。「一生懸命勉強してだまそうとしてくるので、皆さんも一生懸命に勉強してだまされないようにしなければなりません」と注意を促した。

また、夫婦の師匠が信頼していた人にだまされたとき、師匠が「あいつはツルではなくサギだったか」とうめいたエピソードを紹介したりして、参加者の笑いを誘った。

国は、地方消費者行政を強化するための基金を設けて自治体の消費者行政を支援している。同室はこの制度を使って出前講座を開いており、実質的には市の負担はない。このため、同室は「出前講座の申し込みを積極的にしてほしい」と話している。

小松・符津地区老人クラブ　林家ライス・カレー子さん

石川県小松市で開催した「賢い消費者になろう講座」は、中日新聞（2009年11月21日付）でも紹介された

自分たちのこうした体験を題材にして、「詐欺漫才」「防犯漫才」という新しい分野を開拓したのです。

五十年がかりで売却した那須塩原の土地

さて、あの那須塩原の土地はどうなったのでしょうか。

今度は知り合いの行政書士の大学時代の後輩だという不動産屋が、「四百坪《つぼ》はちょっと大きいので、分割して売ってもいいですか？」と聞いてきました。こっちは本当に売れるなんて思っていませんから、何の期待もせず、「いいですよ。自由に話を進めてみてください」とお願いしました。すると信じがたいことに、あの原野が動き始めたのです。

これまでは「一坪一万円」という価格でもまったく相手にされなかったのに、ちょこちょこと土地が売れ始めました。

そして、父が亡くなる約二カ月前の二〇一七年十二月半ば、ついに完売したのです。ほかの不動産屋から「あの土地をどうやって売ったんですか。うちの土地も売ってほしい」と連絡が来たくらいでした。

父はよく「那須の田舎《いなか》の土地を買ったから現在《いま》がある」と言っていたものです。最初は親の財産を使って、別の場所にマンションを建《た》てようとしていました。

「埼玉県あたりの土地を買って、マンションなり、アパートを建てていれば、僕のところには家賃がどんどん入ってきて左うちわの生活だっただろうね。でも、そんなお金が毎月入ってきたら、飲む・打つ・買うで、いまごろ早死にしていたよ。こうやって元気でいられるのは、あのときあの土地を買ったおかげなんだよ」

父は亡くなる直前に痴漢冤罪事件を解決し、売れなくて困っていた土地を完売させて、自分が亡くなったときのお葬式代まで残していってくれました。生きている間に次々と宿命《しゅくめい》転換《てんかん》し、今世で残った宿題を全部片づけてしまったのです。

第四章 使命を果たし切った父

Quality of Life

Q thanks 雲野立子 Special 脇坂敏子 thanks 小峰立丸 Special 森晴枝 thanks 山川昌子 Special 黒沢健一 thanks 漆原智良 Special 山川千代美 thanks 山﨑保夫 Special 松山啓子 thanks 田中厚子 Special 今川恵美子 thanks 立川八重子

O Special 横瀬幸子 thanks 小谷野照子 Special 伊奈潤二 thanks 伊奈三起子 Special 飯倉昭二 thanks 飯倉峰子 Special 新井恵鳳 thanks 中田婦久子 Special 藤原則子 thanks 市川君子 Special 山本勝代 thanks 荒井伸吉 Special 荒井弘美 thanks 内野勝則 Special 中道覚 thanks 和佐見勝 Special 開発てつ

L thanks 下田知代 Special 兼子慎一 thanks 左子幸治 Special 谷口晋治 thanks 西澤英三 Special 小野山武男 thanks 田山詠一

R 台孝之 Special 台英子 thanks 鈴木美穂 Special 菊地光徳 thanks 高橋勇 Special 細貝容子 thanks 阿部真也 Special 片山信太朗 thanks 大島力也 Special 中山孝一 thanks 後藤博 Special 阿部三吉 thanks 茂木一義 Special 田山千春

F 千葉清英 thanks 佐々木英二 Special 稲垣秀夫 thanks 静間俊和 Special 塚田正和 thanks 津金昇一 Special 津金きんこ thanks 遠藤慶子 Special 佐藤秀男 thanks 池田永恵子 Special 楫陽一

C thanks 新田健吉 Special 中村京子 thanks 高橋伸次 Special 渡部楊子 thanks 田中寿美子 Special 櫻井兼二 thanks 右田ひろし Special 右田千枝

眠りながら「ピンピンコロリ」で亡くなった父

父・林家《はやしや》ライスは生涯現役で芸人として仕事を続け、最後までお酒を愛する楽しい人でした。

「自分が介護されるのも、家族に介護させるのも嫌《いや》だ」

「ピンピンコロリで布団《ふとん》の上で逝《い》きたい」

これが生前《せいぜん》の父の願いでした。

二〇一八年二月二十三日が、林家ライスにとっての最期《さいご》の一日となります。

二月二十三日（金）

父は昼間、武蔵野《むさしの》市役所環境課の方と連絡を取り、翌年の「第三十回環境寄席」の会場を予約。そして、近所の老人会の集まりに顔を出し、挨拶《あいさつ》をします。その後、翌日からの沖縄への仕事に向け、なじみの理髪店《りはってん》でスッキリと散髪《さんぱつ》した父は、母と冬季オリンピックのカーリングチームを応援しながら、大好きなお酒と天丼《てんどん》を楽しんでいました。

人生初の沖縄ということで、前泊を予定してかなり前からはしゃいでいました。日本全国を旅しまくっていた父が、なぜ一度も沖縄に行ったことがなかったのか。それは、沖縄に電車が走っていなかったからです。根っからの乗り鉄だった父は、仕事先から航空券や新幹線チケットを渡されても、各駅停車の旅に変えちゃうような人だったのです。

そんな父は、ワクワクしながら準備を整《ととの》え、寝ないで空港に行くことを提案するも、「カレー子ちゃん、五時まで寝かせて」と就寝。いつもは隣《となり》で寝ている母でしたが、この日は別室で、寝ないで朝を迎えます。

二月二十四日（土）五時三十分

前夜遅くに寝たので、三十分おまけして母が父を起こしました。

「ライちゃん起きて！　五時半だよ！」

けれど、ぐわぁ〜ぐわぁ〜大きなイビキをかいて、まったく起きない父。

仕事のときは、起こせば一発で目が覚《さ》めるのに、起きない。

「ライちゃん！　起きて！　沖縄だよ！　沖縄だよ！」

ほっぺを叩《たた》いても、体を揺《ゆ》らしても、起きる気配《けはい》がありません。もしや?!

母は震《ふる》えながら一一九番。

この日、虫の知らせでしょうか。私は五時にパッチリ目が覚めていました。

母からの電話に嫌な予感で出ると……。

「ライちゃんが倒《たお》れた！　命に別状《べつじょう》ある！　いま救急隊が来た！」

救急隊から「瞳孔《どうこう》が開いています。重篤《じゅうとく》です」と告《つ》げられ、そのまま三鷹《みたか》の日赤病院に搬送《はんそう》。

「どうしよう。どうしよう。ライちゃんから延命治療《えんめいちりょう》は絶対にやめてって言われてるけど、でも、どうしよう！」と、電話口で泣きじゃくる母。

私たちも父から何回も言われていました。

「絶対に延命治療はしないで！　管《くだ》なんかつけないで！　ピンピンコロリで逝くことが僕の幸せだからね！　頼むよ！」

重ね重ね言われていたのに、私の口から出た言葉は……。

「延命？　する！　する！　する！　する！　しよ～！」

これは父の希望じゃないと重々《じゅうじゅう》知っているのに、この言葉しか出ませんでした。

先に病院に着いた弟《おとうと》・勝丸《かつまる》から病状の説明が……。

「父ちゃん、のうかんまでいってる」

「ええ～！　もう納棺なの？」

「違う！　出血が脳幹まで行っているから、あとは時間の問題だって。意識はもう戻らないって」

病室にはスヤスヤ眠る父がいました。

私が、「お父さん、来たよ！　お父さん、ありがとね！」と語りかけると、喉《のど》元がゴクリと動き、目尻には光るものがありました。

私の娘で四歳（当時）のこっちゃんは、大好きなジィジの異変《いへん》に驚き、病室に入ることができません。「こっちゃん、ジィジに何か言って」と促《うなが》しても、敏感なこっちゃんは〝現実を受け入れたくない〟という状態で、パパに力《ちから》いっぱい、しがみついていました。

じつはこの日、私は午後から講演会のお仕事がありました。後《うし》ろ髪をひかれながらも、「お父さん。仕事行ってくるね」と、父の頬を撫《な》で、こっちゃんを連れて、いったん自宅に戻りました。

仕事に行く準備をしていると、勝丸からの着信が！

「いま血圧が下がってる。もう間に合わない。携帯を父ちゃんの耳に当てるから、最後になんか言って！」

私は携帯を握《にぎ》りしめ、渾身《こんしん》の叫《さけ》びをしました。

「お父さ〜ん、いままでいっぱい愛してくれて、本当にありがとう〜」

そして、すぐさま、こっちゃんを呼び寄せ、「最後にジィジになんか言って！」と言うと、こっちゃんが叫びました。

「ジィジ〜、ありがとう〜！」

言えた。最後にちゃんと感謝を言葉にできた。その瞬間、ライスの血圧がたしかに上がったそうです。孫の声は最大のエールだったに違いありません。

午前十一時九分、父は霊山《りょうぜん》へと旅立ちました。七十六歳でした。

私が再び病院に駆《か》けつけると、病室の父は穏《おだ》やかな顔で、まるで眠っているようでした。ほっぺもまだ温かいです。

母と勝丸、勝丸の息子たち、元お弟子の林家らっきょくん（佐藤義久さん）、両親の友人である松川幸弘さん・知美《ともみ》さんご夫妻に看取《みと》ってもらい、父は幸せだったと心から感謝しました。

そして、父は病院からお迎えの車で自宅へ、私は仕事先へと向かいました。

芸人の子としての矜持

父を亡《な》くしてほやほやの状態で、講演なんてできるのでしょうか。

しかし、私は芸人の子です。「親の死に目にも会えない」と言われている世界ですが、私は会えた。感謝の言葉も伝えられた。ありがたいことだと思いました。

十三時半。講演会の幕《まく》が上がりました。ここで一時間、楽しいお話をするのが私の仕事です。むちゃくちゃ泣きたいときに人を笑わせる仕事をする。本当にできるかどうかわかりませんでした。

しかし、仕事をキャンセルしたら、「親が死んだくらいで仕事をキャンセルしちゃ、ダメだよ!」と父が化《ば》けて出てきます。絶対にやらないと……。

そんなふうに考えていると、奥さまを亡くされた日にも気丈《きじょう》に舞台を務められたある役者さんのことが思い出されました。同じに考えるのは恐れ多いのですが、「人間にはスイッチがあって、プロなら切り替えができるはずだ。私にもできるはずだ」と自分に言い聞かせ、勝手に勇気をいただいていました。一人の勇気は、だれかの勇気になるのですね。

講演の中には家族の話、父の話も出てきます。一瞬、言葉に詰《つ》まりそうになりましたが、「こんなときにも仕事をしていることを、父がいちばんほめてくれる」と思ってがんばりました。

そして三日後の通夜の日。この日の昼間には、林家ライス・カレー子が「横浜にぎわい座」で寄席の高座《こうざ》に上がる予定になっていました。

母は、心配してくださっている席亭《せきてい》さんと電話でやり取りをしていました。

「一人でも舞台できます！」

「いやいや、あなた喪主《もしゅ》だから来なくていいよ」

「がんばってやります！」

いくらなんでも、この状況で寄席の高座に一人で上がるのはさすがに無理でしょう。そう思っていると、勝丸が「母《かあ》ちゃん、オレが代演やるよ」と申し出てくれ、涙をこらえて、寄席の高座をがんばりました。

父が出演するはずだった最後の寄席の名前が「にぎわい座」。なんともにぎやかでいいなと思いました。

私は最近、中小企業の社長さん向けの講演会によく呼ばれます。

「ピンチはチャンス！　楽しく生きるヒント」との演題で、楽しくお話をさせていただくのですが、質問コーナーで、「あなたはなぜ、親の後を継《つ》いだのですか」と聞かれることがあります。お子さんが二代目を継いでくれないという社長さんや、後継者問題で頭を悩ませていらっしゃる方がとても多いのに驚きます。

そうしたとき、私の答えはいつも決まっています。

「それは親から仕事の愚痴《ぐち》を聞いたことがないからです」

親が毎日、「仕事が大変。仕事がつらい。辞《や》めたい」なんて言って暗い顔をしていたら、絶対に同じ仕事につきたくないと思うのではないでしょうか。

でも、父・ライスは真逆《まぎゃく》でした。

「芸人ほどすばらしい仕事はないよ。自分が楽しくて、お客さんに喜んでいただいて、お金もいただけて、日本全国、旅に行ける！　おいしいものも食べられる！」

生涯、「芸人ほどいい仕事はない！」と感謝し続けていた父の小さな背中を見て育った私たちきょうだいは、自然と同じ林家一門の芸人となり、仕事に臨《のぞ》む姿勢と芸人魂《だましい》を受け継いだのでした。

亡くなってからブレイクした父・林家ライス

父が亡くなったニュースは、どういうわけかヤフーニュースのトップページに掲載されました。これは超偶然のつながりです。

十三年前に私がお世話になったデイリースポーツの大島一郎記者が突然、LINE《ライン》を始めました。父の臨終《りんじゅう》の直後、私が移動中の車内から「さっき父が亡くなりました」とLINEでメッセージを送ったところ、すぐにネットニュースにまとめてくれて、それがヤフーニュースに掲載されたのです。

生きている間、「林家ライス」というキーワードは一回も検索ワードのランキングに入ったことなんてありませんでした。なのに、「林家ライス」は、死んでから検索ワードのトップランキングに入りました。

林家ライス氏

（はやしや・らいす、本名・沼田志都生＝ぬまた・しづお＝漫才コンビ「林家ライス・カレー子」のライス）24日、脳内出血のため死去、76歳。通夜は27日午後6時、葬儀・告別式は28日午後2時、東京都三鷹市下連雀4の18の20、禅林寺で。喪主は妻で漫才相方の林家カレー子（本名・沼田啓子＝ぬまた・けいこ）さん。
昭和62年にカレー子さんとコンビを結成。環境問題や社会福祉などをテーマにした漫才を全国各地で行ってきた。

林家　ライスさん（はやしや・らいす＝漫才師、本名沼田志都生〈ぬまた・しづお〉）24日、視床出血で死去、76歳。通夜は27日午後6時、葬儀は28日午後2時から東京都三鷹市下連雀4の18の20の禅林寺で。喪主は漫才コンビの相方で妻の林家カレー子（本名沼田啓子）さん。
87年に漫才コンビ林家ライス・カレー子を結成。環境問題など社会性のある漫才を各地で披露してきた。

父の訃報は翌日、新聞各紙に掲載された

亡くなった林家ライスさん（左）。中央は長女の林家まる子、右は妻で相方の林家カレー子（カメラマン・ボクタ茂）

夫婦漫才「林家ライス・カレー子」

林家ライスさん死去

脳内出血　76歳

朝起きぬまま救急搬送も…

夫婦漫才「林家ライス・カレー子」の林家ライス（本名・沼田志都生＝ぬまた・しづお）さんが24日午前11時9分、脳内出血のため、東京都内の病院で死去した。76歳。横浜市出身。通夜は27日午後6時、葬儀・告別式は28日午後2時から東京都三鷹市下連雀4−18−20、禅林寺で。喪主は相方で妻の林家カレー子（本名沼田啓子）。

関係者によると、前日まで元気で、23日夜、「朝5時半に起こして」とカレー子に伝えて就寝。朝、カレー子が起こしに行くと、尋常でないいびきをかいていたため救急車を呼んだという。検査の結果、脳内出血が判明。出血は脳幹に達していたという。

意識が戻ることはなく、カレー子、長女でタレントの林家まる子、長男で江戸太神楽曲芸師の翁家勝丸、まる子の夫で元プロボクサーの國重隆氏ら家族、弟子ら12人にみとられ、旅立った。22日の都内でのイベントが最後のステージだった。

落語家だったライスさんは1976年に先代の故・林家三平さんの門下に入り、漫才師に転向。芸名はハヤシライスが好物だった三平さんが付けた。71年に結婚。妻も78年に林家一門入りし、コンビを組んだ。環境漫才、いじめ撲滅漫才などで人気を博した。

父の逝去が大きく報じられたデイリースポーツ（2018年2月25日付）

父は死んでからも芸人としてブレイクしたのです。

ヤフーニュースのトップに載ったこともあり、葬儀には芸能界や業界の関係者からものすごい数のお花をいただきました。

記事を書いてくれた記者はLINEが性《しょう》に合わなかったらしく、その後、すぐに、「LINEはやめました。今後はショートメールで連絡をください」と言うのです。まるで父の訃報《ふほう》を伝えるためだけに、あの一瞬だけLINEがつながったようなものです。世の中には不思議なこともあるんですね。

亡くなる四日前　こっちゃんとの旅行

若いころの父は、ケンカっ早くて、愚痴っぽく、泣き上戸《じょうご》で、笑い上戸、お酒と下ネタが大好き。喜怒哀楽《きどあいらく》そのままの子どもっぽい人間なのに、子どもは大っ嫌い。弟弟子から「兄《あに》さんはよく、その生まれたままの姿で、いままで生きてこられましたね」とあきれられたほどです。

しかし、そんな父も、勝丸に長男が誕生したころから少しずつ変わり始めました。二〇〇〇年から男の子の孫が四人生まれ、二〇一二年には初めての孫娘・こっちゃんが誕生。五人の孫に囲まれた父は幸せそのものでした。

こっちゃんが生まれてから、人生初のオムツ替《が》えを経験。オムツ替えセットを持って、近所の井《い》の頭公園《かしらこうえん》に散歩に行くことが何よりも好きでした。

「ジィジ！　ジィジ！」

とライスにベッタリのジィジっ子になったこっちゃんに初めてお酌《しゃく》をしてもらったときには、とろけるばかりの笑顔で、「僕、こんなに愛されたの初めてだよ。本当に幸せだよ」と涙していました。

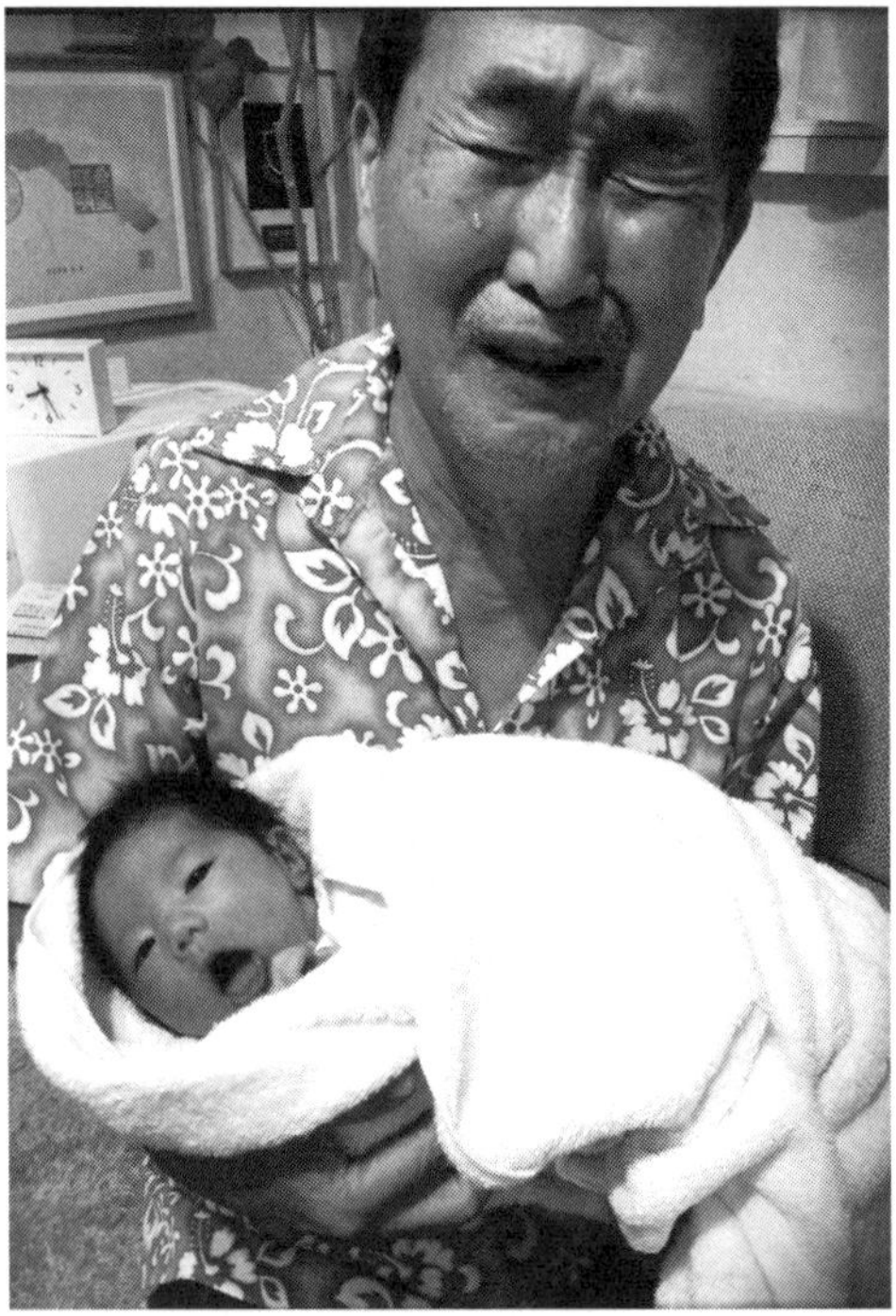

孫娘・こっちゃんを初めて抱っこして、感動のあまり、ワンワン泣いていた父・ライス

そんな父の最大の夢は最愛の孫・こっちゃんと旅行することでした。亡くなる四日前。私と夫が忙しく、どうしてもこっちゃんを一泊で両親に預かってもらうことになりました。そこで両親はこっちゃんを連れて東京ドイツ村（千葉県袖ケ浦市）へバス旅行。イチゴ狩りやイルミネーションを楽しみ、孫と記念撮影した写真が最期の一枚となりました。

帰りのバスの中でこっちゃんが騒《さわ》ぎ出したので、母が父に注意するように言うと、「こっちゃんの声は小鳥のさえずりだから」とニコニコ笑っていたそうです。父の心は幸せでいっぱいのようでした。孫のパワーは絶大です。父は、晩年の二十年間、年ごとに穏やかになっていきました。

クオリティー・オブ・ライス

クオリティー・オブ・ライフ（生活の質）。父は、大好きなお酒をやめて長生きするくらいなら、お酒を楽しんで寿命を全《まっと》うしたいと強く希望していました。まさに、クオリティー・オブ・ライス（ライスの生活の質）。ピンピンコロリで逝きたい。生涯、現役芸人で逝きたい。最後までお酒が飲みたい。家族に迷惑はかけたくない。カレー子ちゃんより先に逝きたい。布団で寝たまま逝きたい。こっちゃんと旅行がしたい。

気づけば、父が望んでいたことはすべて叶《かな》っていました。あっぱれです！家族に究極《きゅうきょく》の選択をさせることがなかった父。家族が大好きで、大好きで、大好きだった父の最後のやさしさでした。

父は中学を卒業して落語界に入り、波瀾万丈《はらんばんじょう》の人生の中で、人はどう生きるべきかという哲学を深く学び続けていました。

三年前の十月に酔《よ》っぱらって三鷹の歩道橋のいちばん上の階段から下まで落ちてしまった父。即死でもおかしくないのに、骨折も後遺症もまったくなく、三日後には舞台に復帰。延《の》ばしていただいた命の中で、人生で解決できていなかった諸問題を見事にすべてクリアしていきました。

口を開けば、「お父さんは幸せだ〜、幸せだ」と言っていました。一般的には、人生の晩年は締《し》めくくりという考え方ですが、父にとっては、次の人生への準備期間だったように思えました。

通夜の晩に新コンビ決定

父が息を引き取り、四十八年間住み慣れた、大好きな武蔵野市の家で寝かせると、まだ寝息が聞こえてくるようでした。

二月二十七日には通夜を、二十八日には告別式を行い、二日間、林家一門の皆さんが総出で参列してくださいました。

ある有名な落語家の師匠からは、「さすがは林家一門の葬儀ですね」とほめていただきました。そのことを聞いたおかみさんは、「ライスさんは最後まで一門孝行をしてくれた。こんな言い方、変だけど、とってもうれしいわ」と涙してくださいました。

しかし、コンビの相方でもある大切な父を突然失った母・カレー子の疲弊《ひへい》は、それまで見たことがないほど深刻でした。ご飯も喉を通らず、毎日いろいろな人に挨拶をしなければならず、やるべき仕事は山積みでした。

あるとき、お風呂から長時間出てこないので、「これは危ない」と思って、浴室の扉を開《あ》けたら、湯船《ゆぶね》でスープを出しきった鶏《とり》がらのようになっていました。

ところが、なんということでしょう！　わずか半年後に母娘《おやこ》漫才コンビ「林家まる子・カレー子」が誕生。しかも、この新コンビの構想は、早くも通夜の晩に決まっていたのです。

父は生前、「自分が亡くなったときには、お寿《す》司《し》は特上を取ってくれ」「お酒はいっぱい振る舞ってくれ」「ケチケチしないでほしい」という遺言を残していました。

通夜の後には林家一門の皆さんが勢《せい》ぞろいし、お寿司とお酒でワイワイ楽しい思い出話に花が咲きました。

「カレー子は一人になっちゃったな。勝丸とコンビを組ませて林家カツカレーにするか」などと皆さんが心配されている最中、急に林家種平《たねへい》師匠が「まる子がいるんだから、母娘漫才でデビューしたらいいんじゃないの？」と言ってくださいました。

おかみさんにその話をしたところ「それがいいわよ。そうしなさいよ」と、すぐに超人気番組「笑っていいとも！」を作った放送作家の高平哲郎《たかひらてつお》先生に話を通してくださり、母娘漫才の相談に乗っていただくことになりました。

高平先生は「まだ日本でだれもやっていないから、新しい東京漫才ができると思うよ。がんばりなさい。ネタはナイツに見てもらったらいいんじゃない？　ナイツはいまの漫才界ではぶっちぎりでおもしろい芸人だからね」とおっしゃったのです。

ナイツの二人と私は、デビュー当時から大の仲良しだったため、早速、塙《はなわ》宣之《のぶゆき》くんにネタを見てもらいました。塙くんは、「このままで行けます。いいと思いますよ」と太鼓判《たいこばん》を押してくれ、スポーツ紙で〈母子漫才「林家まる子・カレー子」誕生へ〉という大きなニュースになりました。

母が路頭《ろとう》に迷うことなく、通夜の晩に相方が決まり、あっという間に段取りが決まってしまったのはとても不思議で、ラッキーとしか言いようがありません。

これまた亡くなったライスが、空の上から「カレー子ちゃんをよろしくね」と、指差し確認で段取りを組んでくれたのかもしれません。

死去の夫ライスさんに代わり長女が相方に

ナイツ・塙アドバイザーに 目指す！M—1

2月に相方で夫の林家ライスさんを亡くした林家カレー子(69)が、長女のタレント・林家まる子(45)を相方に、漫才師「林家まる子・カレー子」として活動することが13日、分かった。8月31日の林家一門会でデビューする。

新コンビとして活動する林家カレー子（左）と林家まる子（右。中央はナイツ・塙宣之）＝東京・浅草

母子漫才「林家まる子カレー子」誕生へ

ライスさんの葬儀で、林家一門の兄弟弟子から〝親子コンビ〟を勧める声が上がり、2人は先代林家三平夫人の海老名香葉子さん(84)に相談。香葉子さんから〝後見人〟として、タモリ(72)らと親交の深い放送作家の高平哲郎氏(71)を紹介され、高平氏から推薦されたナイツ・塙宣之(40)が〝アドバイザー〟に就任。45歳で漫才に挑戦するまる子が作成したネタは、塙から「100％形ができている」と太鼓判を押された。

父娘コンビは現在、「完熟フレッシュ」がブレーク中だが、母娘は異例。カレー子は「女性同士のやりにくさはない」と親子の絆をアピールし、まる子は「テレビでネタをやりたい。M—1などすべてチャレンジしたい」と意気込む。

コンビ結成は天国にも報告済みで、「喜んでいると思う」と声をそろえた。まる子は「私たちが頑張ることで、ライスの名前を輝かせる」と目標を明かした。

「林家まる子・カレー子」の結成を報じたデイリースポーツ（2018年5月14日付）

真心の供花に感謝があふれる

訃報を知り、当時、遠くアメリカのシアトルマリナーズで活躍していた心友の岩隈久志《いわくまひさし》選手とまどか夫妻から枕花《まくらばな》と心温まるメッセージカードが届きました。距離的には遠く離れているけれど、すぐそばで寄り添っていてくれる思いに涙がこぼれました。

また、私たち夫婦の友人である横山だいすけさん（NHK「おかあさんといっしょ」の元「うたのお兄さん」）ファミリーからも枕花が届きました。お母さまの春代さんからはお電話もいただき、「大勝利のお父さまの人生をお花に託《たく》しました」と。その真心に、またしても滝のような涙、涙。

父親を亡くす。私の人生の中で比べるものがないくらいの衝撃です。なんか、いままで支えてくれていた大地がなくなってしまったような、足が宙《ちゅう》に浮《う》いているような感覚。人として生きていれば、遅かれ早かれ、親との別れは必然ですが、昨日までいた人が今日はいない。いきなりその日がやってきてしまった私は、なんか透明になってしまったのではないかと思うくらい、自分の存在が消えてしまいそうでした。

そんなとき、心友からの花に添《そ》えられたメッセージ。まるで、「私たちがそばで支えているよ」と語りかけ、肩を抱き締めてくれているように思えて、「花は花であって花ではないんだ。その人そのものなんだ」と心の底から感動しました。

安らかに眠る父の左右に寄り添ってくれている岩隈家、横山家の花は、私が倒れないようにしっかりと支えてくれているようでした。

父の棺のまわりは、友人や恩人から贈られた数多くの供花であふれていた

そして、おかみさんからは、父の旅立ちを荘厳《そうごん》してくださるような枕花を頂《ちょう》戴《だい》しました。「師匠は弟子にここまでしてくださるのか」と、涙がこぼれました。また、百人近い方々からも供花《きょうか》を頂戴しました。「忙しくて参列できないけれど、そばにいるからね」と語りかけてくれる花たち。「気持ちはカタチにして伝える」ということを、改めて心に刻んだ出来事でした。

余談ですが、祭壇《さいだん》を見た母・カレー子が「すごい！　ソフトバンクの孫《そん》さんからお花が来てる！」と言うではないですか！　「ヤフーニュースに出たからかな？　どれどれ？」と見てみると……。

「お母さん、あれ、孫正義《そんまさよし》さんじゃなくて孫一同《まごいちどう》だよ！」

ビートたけしさんと林家ライス

父が亡くなって半年後の八月三十一日。母娘漫才コンビ「林家まる子・カレー子」はデビューを果たしました。まさか自分が漫才をやるとは、父が亡くなるまで一ミリも考えたことはありません。

でも、いま振り返ると、これには伏線《ふくせん》があったのです。

父が亡くなる前年（二〇一七年）の年末に、私はビートたけしさんが出演するＴＢＳの番組に出演しました。オーディションを勝ち抜き、生放送で三十秒のネタを披露《ひろう》する番組です。

父は若いころ、ヌード劇場を回って漫談《まんだん》をやっていました。後年「林家ライス・カレー子」のコンビを結成して「環境漫才」をやるようになってからは「昔エロジジー、いまエコロジー」と言ってみんなを笑わせたものです。

そこで私も、開口いちばん、元気いっぱい、こう言って登場しました。

「私の両親は林家ライス・カレー子です！　ウチの親は昔ヌード劇場、いま環境漫才。昔エロジジー、いまエコロジー！」

すると、両親の存在を知っているたけし軍団の皆さんから「おおっ！」という声が上がりました。

たけしさんも林家ライス・カレー子のことをよく知ってくださっています。

エンディングのとき、ちょうどたけしさんの後ろに座ったので、ご挨拶させていただいたところ、「ライス師匠、お元気？　昔、一緒に仕事したんだよ。よろしく言っておいてね」と声をかけていただきました。

そして、たけしさんはこうおっしゃいました。

「辞めちゃダメだよ。芸人は続けていればいいことがあるんだから、絶対に辞めちゃダメだよ」

じつはそのころ、私は朝から晩まで家事と育児に追われ、てんてこ舞《ま》いの日々でした。四十五歳の誕生日を迎え、「これからの人生後半戦はどうなっていくのだろう。私の芸人人生はこのまま終わっていくのだろうか」との焦《しょう》燥《そう》感《かん》にかられていたのです。でも、この日、たけしさんの前でネタを披露したことをきっかけに、私は気づきました。

「ここが私の居場所なんだ。苦しいことがあっても、私はこれからも芸人として仕事をしていきたい」

そう決意した直後に父が亡くなり、あれよあれよという間に「林家まる子・

カレー子」の母娘漫才コンビが誕生しました。漫才をやるなんて一ミリも思っていなかった私に、父からの「運命と使命《しめい》のバトン」が回ってきたのです。

母に届いたプレゼント

父の葬式と母の六十九歳の誕生日（二〇一八年二月二十七日）は、偶然にも同じ日でした。ロウソクを使い回せちゃうエコな偶然です。

偶然はほかにもあります。父の一周忌と母の古稀《こき》（七十歳）のお祝いで家族が集まっているときに、環境省から母・林家カレー子に「環境大臣賞」（第一号）受賞の連絡が届いたのです。

こんな出来《でき》すぎのドラマがあるでしょうか。母の古稀を祝う最大のプレゼントを、父が空の上から届けてくれたのです。

ちなみに、正式名称は「第一回　環境カウンセラー環境保全活動表彰『環境大臣賞』市民部門　第一号」です。

母は「二号じゃなくてよかった！」

とニッコリ。

生前の父は「絶対に墜落《ついらく》しない低空飛行」で「一生現役」を貫《つらぬ》きました。

そんな父がたくさんの人から好かれていて、応援団をあちこちに残してくれたからこそ、「環境大臣賞」という予想だにせぬプレゼントをいただけたのだと思います。

さらにうれしいことに、この「環境大臣賞」とともに、なんと、おかみさんから母・カレー子に「表彰状」をいただいたのです！　これは母の生涯の宝物として大切に飾《かざ》られています。

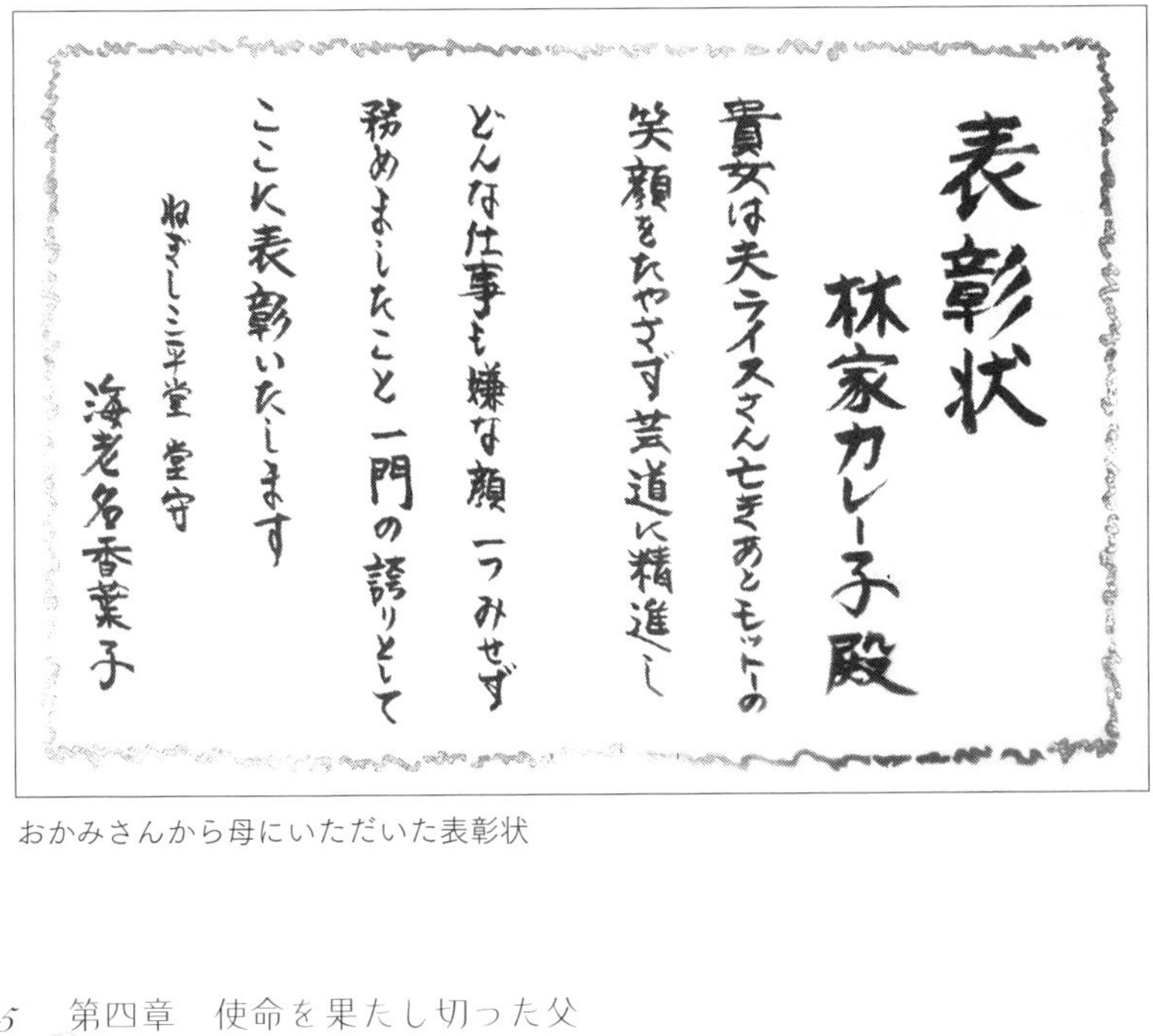
表彰状

林家カレー子殿

貴女は夫ライスさん亡きあともモットーの
笑顔をたやさず芸道に精進し
どんな仕事も嫌な顔一つみせず
務めましたこと一門の誇りとして
ここに表彰いたします

ねぎし三平堂　堂守
海老名香葉子

おかみさんから母にいただいた表彰状

故・三平師匠とおかみさん

一九八〇年九月二十日。「昭和の爆笑王《ばくしょうおう》」と言われた初代・林家三平《さんぺい》師匠が亡くなりました。小学二年生だった私は、いまでもテレビで生中継された葬儀の様子を鮮明《せんめい》に覚えています。

このとき、両親は、「なんの力もない私たちを、一門に迎え入れていただきありがとうございました。必ず〝ライス・カレー子を林家一門に入れてよかった〟と思っていただける芸人になりますので、どうぞご安心ください」と、師匠の遺影《いえい》に誓《ちか》ったそうです。

その後、八七年にＮＨＫの夕方のニュースで「林家ライス・カレー子の出前漫才」が紹介されました。すると、テレビを見ていたおかみさんは、「師匠が天国で喜んでくれているわよ〜」と、すぐに連絡をくださいました。

「誓いの一つを果たすことができたかなぁ。いよいよこれからだ」と、がんばり続けてきた両親は二〇〇五年、小池百合子《こいけゆりこ》環境大臣（当時）から環境省「環《わ》のくらし応援団」（「持続可能な簡素で質を重視する循環型生活」の普及・啓発）の活動が認められ、表彰されました。

そのとき、おかみさんは「あなたたちは一門の誇《ほこ》りよ～」と温かい言葉をかけてくださいました。がんばっている弟子の姿を、厳しくも温かく、常に見守っていてくださるおかみさんの存在なくして、わが家はありません。

「偉大な男性の陰《かげ》には偉大な女性あり」との言葉をいつも思い出します。

おかみさんと私たち夫婦で

芸能一家となった翁家勝丸

二〇一九年、弟の翁家《おきなや》勝丸に大チャンスが到来《とうらい》しました。短い時間ではありましたが、NHKの大河ドラマ「いだてん～東京オリムピック噺《ばなし》～」に曲《きょく》芸師《げいし》の役で出演。

さらに、二〇二〇年の大河ドラマ「麒麟《きりん》がくる」の第一話にも芸人役で出演することができたのです。エキストラではなく、出演者としてスタッフロールに「翁家勝丸」という名前がはっきり入りました。

父・ライスは、落語家としては二ツ目《ふたつめ》止まりで真打《しんう》ちになることはできませんでした。その「勝丸」の名前を受け継《つ》いだ弟は現在、太神楽《だいかぐら》曲芸協会の理事を務めています。そのうえ、大河ドラマにまで出演できるとは、家族のだれもが予想もしない展開でした。

勝丸の名前を継《つ》ぎ、勝丸の名前を大きく発展させたことは、弟が果たした父への最大の恩返しです。

弟には四人の息子がいます。じつは現在、その息子たちが「翁家勝丸社中《しゃちゅう》」として全員舞台に上がっているのです。勝丸は獅子舞《ししまい》の頭をもって踊り、息子たちが足をもってみんなで力を合わせて踊る。まさに「一家和楽《わらく》」の姿。母・林家カレー子が「環境大臣賞」を受賞したときには、「翁家勝丸社中」がそろって獅子舞でお祝いしてくれました。

そんな弟は、先輩方からよく「サラブレッド一家だね」と言われますが、「ウチはポニーですから」と笑いで返しています。

サラブレッドではなくポニーであっても、家族みんなが同じ芸能の世界で働けている。両親から子ども、そして孫まで三代一緒に舞台に上がれているのは、本当にありがたいことです。こうして家族そろって元気で仕事ができているのは、亡くなった父のおかげにほかなりません。

順調な時代よりも、売れなくて苦しい時代のほうが長い。でも最期は芸人として、人として勝利する。父の人生は大勝利でした。

「第29回環境寄席」の楽屋で息子や孫たちに囲まれる両親（2017年5月28日　武蔵野公会堂）

「生も歓喜、死も歓喜」

人間にはだれしも「生老病死《しょうろうびょうし》」があります。

林家ライスは「生」「老」「病」は全部経験してきたものの、「死」だけは未体験ゾーンでした。その父が「生も歓喜、死も歓喜」と言わんばかりの姿で亡くなったとき、「生老病死」の最後のパズルがピタッとハマったのです。

父は私と弟を「おじょう」「ぼっちゃん」と呼んで溺愛《できあい》してくれました。家では毎日、「カレー子ちゃん！　カレー子ちゃん！」と連呼《れんこ》し、母への愛があふれていました。強烈《きょうれつ》な個性の父が亡くなったことはもちろんさみしいですけど、不思議と悲しくはありません。父は寿命を生き切ったので、「すごい！」のひと言です。

父のお葬式は「今世の卒業式」であり、「来世への出発式」でもありました。おかみさんが林家の印半纏《しるしばんてん》を貸してくださったおかげで、加賀屋《かがや》（名門旅館）

の見送りのような盛大な葬儀となり、出棺《しゅっかん》ができました。おかみさんからは、「ライスさん、笑って死んでたわね」「ライスさん、生き方は下《へ》手《た》だけど死に方はうまいわね」と言っていただきました。芸人へのこれ以上ないほめ言葉でした。

母は、「ライちゃんを支えてきたと思っていたけど、本当は支えられてきたんだね。感謝しかないわ」と、涙を流していました。

父が元気だったころ、私たちはよく「わが家はお母さんが大黒柱《だいこくばしら》、お父さ

父の葬儀は、太宰治や森鷗外の菩提寺でもある地元・三鷹の名跡、禅林寺セレモニーホールで盛大に執り行われた（2018年2月27日～28日）

んは茶柱《ちゃばしら》」などと冗談を言っていました。

決して背伸びをしない父親を、時として冷《さ》めた目で見ていた弟でしたが、父が亡くなってから初めて、「父の偉大さがわかった」と涙していました。父の本当の大きさを感じられるようになった私たちきょうだい。生きているうちに気づいてあげれば……。いえいえ、結果オーライです

葬儀が終わってしばらく経《た》ったころ、母が、「ライちゃん、死んでないわ」と言い出しました。いよいよおかしくなったのかと思いましたが、話を聞くと、「死んだと思っちゃったから悲しくなっちゃったんだけど、ライちゃんはいまも一緒にいるわ、心の中に……」と。

私たち家族の中で、林家ライスはまだ死んではいません。心の中で、芸人・林家ライスはニッコリ笑いながら、いまも生き続け、私たちを見守ってくれています。

中入り

幻の遺産相続

父が亡くなってだいぶ経《た》ったあと、だれも存在を知らなかった銀行口座が見つかりました。

「何百万円も入ってたらどうしよう」「わが家も相続争いか」なんて言いながら、おそるおそる銀行に出かけたところ、残金は一万三千円だったのです。

「ウチは最後まで揉《も》めないね。お父さんは立派だね」と言いながら、みんなでおいしいご飯を食べて一万三千円をきれいに使っちゃいました。

お金といえば、父が亡くなったときに病院から届いた請求書の金額は、たった四百八十円でした。この世知辛《せちがら》いご時世《じせい》に、父はワンコインであっという間に霊山浄土《りょうぜんじょうど》へと、旅立っていきました。

世の中には、ビルや不動産、多額の財産をもっているせいで家族が揉めるケースは山ほどあります。わが家には財産なんて全然なく、隠《かく》し口座にはたった一万三千円しかありませんでした。だから家族や親族の揉めごとなんて一切なく、みんなでケラケラ笑いながら楽しく過ごせています。

亡くなった翌日。父が最後に飲み終えた日本酒の空箱が出てきました。

その名も『晴れ舞台』。

まさに父の人生の総仕上げにぴったりの銘柄だと、母と泣き笑いでした。

父は生前、最後にこう言って人生を結びたいと言っていました。

「おさけに（お先に）失礼！」

第五章 母として 妻として 娘として

Peace and Harmony

P Special 後藤一敏 thanks 清水学 Special 山崎正史 thanks 大橋久子 Special 鶴田能史 thanks 山田智子 Special 佐々木進市 thanks 木村茂生 Special 石田輝子 thanks 柵木秀夫 Special 内海賢治

A thanks 嘉山拓磨 Special 小林美佐 thanks 木下清一 Special 北山博三 thanks 永見邦雄 Special 桑原健太 thanks 坂本信一 Special 並木秀幸 thanks 木村純子 Special 南里哲 thanks 円谷貴久

H Special 三好仁彦 thanks 本田美幸 Special 安部勝城 thanks 沖千恵子 Special 佐藤保彦 thanks 瀬戸裕一 Special 山口華子 thanks 渡邉さとみ Special 中村奏栄 thanks 高田彩子 Special

高校三年生で亡くなった妹のために

二〇〇二年十二月二十二日、運命の日がやってきました。のちに私の夫となるプロボクサー・国重隆《くにしげたかし》が、全日本ライトフライ級新人王をかけた一戦に臨《のぞ》んだのです。

隆くんは、大学に入学してからボクシングを始めました。卒業後は、スーパースター・辰吉丈一郎《たつよしじょういちろう》さんを生んだ名門・大阪帝拳《ていけん》ボクシングジムに所属して、プロボクサーとしてボクシングを続けます。デビュー戦、第二戦と順調に勝利し、〇一年には新人王トーナメントに出場しましたが、一回戦敗退。早くも引退の意向を会長に伝えますが、説得され、続けることに……。

翌〇二年、義父（国重彰）と義兄（国重徹＝現在は衆議院議員）と隆くんは、男三人で誓《ちか》いを立てます。この年は、国重家にとって誓いの一年になりました。末っ子の和恵ちゃん（享年十七）が癲癇《てんかん》の発作《ほっさ》で突然亡くなってから、ちょうど七回忌《き》の年だったのです。「和恵の死にはどんな意味があったのだろう。自分たちは和恵の死を無駄《むだ》にしてはいけない。己《おのれ》の目標に勝ち、勝利をもって和恵の七回忌を輝かせて、荘厳《そうごん》しよう！」

　義父は一九九九年に末期の大腸がんの宣告を受け、闘病中。義父の誓いは「がんの完治」と「病魔に負けず勝利すること」でした。

　義兄・徹くんの誓いは、厚い壁に跳《は》ね返され、悪戦苦闘《あくせんくとう》し続けていた最難関の「司法試験に合格すること」でした。

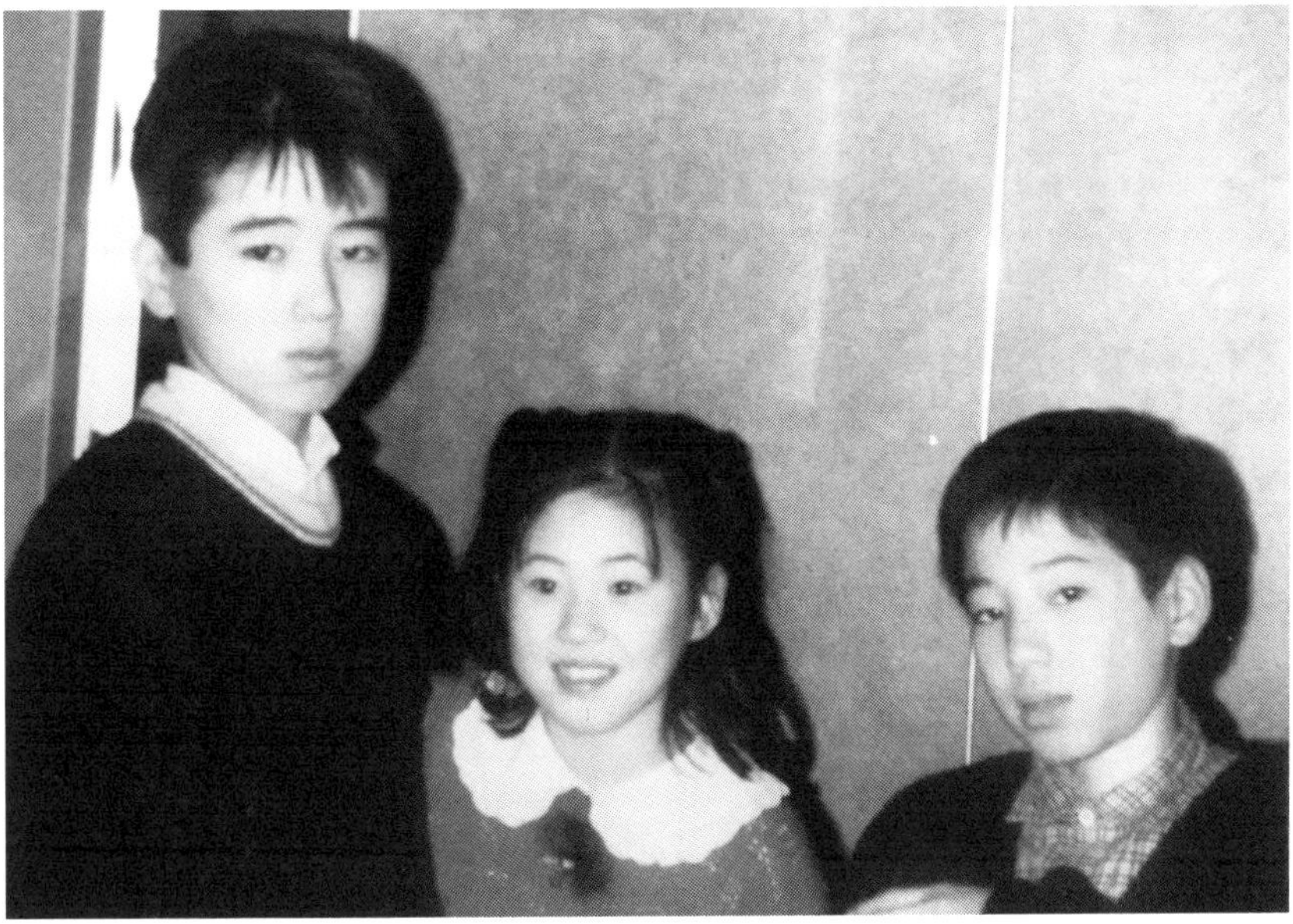

幼き日の国重家３兄妹（左から、徹くん、和恵ちゃん、隆くん）

そして、隆くんの誓いは、再び挑戦する新人王トーナメントで全日本新人王になることです。

まず〇二年十月、義兄がついに司法試験に合格を果たしました。続いて、隆くんも全日本ライトフライ級新人王のトーナメントを順調に勝ち進み、十二月二十二日、西日本新人王と東日本新人王が激突する全日本新人王決定戦に臨むことになりました。

ところが、試合直前の十二月十九日、義父が大阪の病院で昏睡《こんすい》状態に入り、危篤《きとく》となったのです。医師からは、「もう目を覚《さ》まさないと思います」と言われていました。

しかし、翌日（十二月二十日）、奇跡的に意識が回復した義父は、病院に泊《と》まり込んでいた義兄に尋《たず》ねました。

「今日は何日だ？　隆の試合は？」

その日、病室を訪れた隆くんが「お父さん、いまから東京の後楽園ホール行ってきます」と伝えると、義父は隆くんの手を握《にぎ》り、声にならない声を振《ふ》り絞《しぼ》るように何度も励ましてくれたそうです。

「勝て！　勝て！　勝て！」

隆くんは「この父に、試合で負けたなんて報告することは絶対にできない」と、悲壮《ひそう》なまでの決意で、ボクシングの聖地《せいち》、後楽園ホールへと向かいました。

父に捧げた勝利

試合は壮絶《そうぜつ》な乱打戦《らんだせん》になりました。勝ったのか負けたのか、勝敗は審判に委《ゆだ》ねられます。判定の結果、「勝者　青コーナー　国重隆」とコールされ、左腕が高く掲げられました。とうとう隆くんが全日本新人王になったのです。

この試合は、日本テレビ系で生中継されていました。試合後のヒーローインタビューで、「この勝利をだれに伝えたいですか？」とアナウンサーに訊《き》かれた隆くんは、こう答えています。

「この勝利をいま、死と闘っている父に捧《ささ》げます！」

テレビの生放送で、「国重家の誓い」を果たした彼の叫《さけ》びがオンエアされたのです。しかし、このとき、すでに義父はこの世にはいませんでした。

「勝て！　勝て！　勝て！」

病室でそう叫んだ義父は、試合の前日（十二月二十一日）に五十六歳の若さで亡くなっていたのです。末期がんの宣告を受けてから、寿命を四年も延《の》ばしました。

「もし、自分が隆の試合前に亡くなっても、隆を試合に集中させたいから、葬儀は試合の後にしてほしい！」

その遺言を受け、義父の死を隠《かく》して家族みんなで試合を応援したのです。三人で「男の誓い」を立てていなければ、二〇〇二年という大事な年をここまで命がけで戦えなかったかもしれません。命をかけた義父の闘病があってこそ、義兄の司法試験合格があり、隆くんの大勝利があったのです。

そして、義父はこのとき、敬愛《けいあい》する人生の師から、「兄弟二人を勝たせたお

全日本ライトフライ級の新人王決定戦で見事、誓いを果たし、チャンピオンに輝いた瞬間の国重隆選手（2002 年 12 月 22 日　東京・後楽園ホール）

父さんは大勝利者だ」との万感《ばんかん》の激励をいただき、国重家は、この年を見事な大勝利で飾りました。

年下の夫との運命の出会い

大勝利の翌年（二〇〇三年）、この国重家の軌跡《きせき》を映像作品「チャレンジロード2」（シナノ企画）にする企画があり、私がインタビュアーを務《つと》めました。これが後に夫となる隆くんとの初対面でした。ただし、それから二〇〇六年の年末まで、お互いに連絡を取ることも、会うこともありませんでした。

〇六年十一月、私はＮＨＫの人気子ども番組のお姉さん役で最終オーディションまで残りました。ＮＨＫのレギュラー番組ですから、「絶対、この仕事がほしい」と思い、自分のブログに「いま、私は勝ちたいことがある」と書き込みました。

その書き込みを、たまたま隆くんが読んだらしいのです。彼は当時、世界ランカーに勝ち、ボクシングの世界ランキングに入っていました。その彼から「僕は勝ちました。まるちゃんもがんばってください」という手紙とともに、自分の試合のビデオが事務所に届いたのです。

その年のクリスマス。仲良しの磯山《いそやま》さやかちゃんと倉本清子《くらもとさやこ》ちゃん（当時の芸名は和希沙也《かずきさや》）の三人でご飯を食べていたとき、私がポロっと、「この間、ボクサーがビデオを送ってきたんだよね」と口にしたところ、彼女たちは、「これはいいんじゃないか♡」とピンと来たようです。

それから数日後の十二月二十九日。女優の岸本加世子《きしもとかよこ》さんのお誕生日会がありました。そこには、さやかちゃんと清子ちゃんも参加することになっていたのですが、なぜか二人が、「まるちゃんの誕生日も今月なので、五千円分のプレゼントを買って来てください」と隆くんに連絡し、その場に呼んでいたのです。二人は隆くんが東京で暮らしている人だと思い込んでいたので、気軽に呼び出したみたいです。

でも、隆くんは大阪でボクシングをやっていたので、お金を節約して夜行《やこう》バスに乗って東京まで来たのです。そして、言われたとおり、アフタヌーンティーの五千円相当のティーカップを、私の誕生日プレゼントとして買ってきてくれました。

遠距離恋愛から結婚へ

翌月の二〇〇七年一月、彦根城《ひこねじょう》でテレビ東京のロケがありました。滋賀《しが》県に行くことを隆くんに連絡すると、「すぐ近くだから大阪に遊びに来てくださいよ」と言われたのです。

その番組を作っているのがたまたま大阪の番組制作会社だったため、「じゃあ、一緒にロケ車に乗っていけばいいよ」と言われ、大阪まで遊びに行って国重家で一緒にご飯を食べました。

それから隆くんと頻繁《ひんぱん》に連絡を取るようになります。毎日、三時間の電話です。三月に入り、電話でしゃべっていたとき、「結婚を前提《ぜんてい》に付き合ってもらえませんか」と言われました。まだ手をつないでもいないのに、いきなり「結婚」に向かっていったわけですが、私もそのとき、すでに三十代半ばに差しかかっていたので、「そこまで真剣に考えてくれているんだ」と感動し、こちらからもお付き合いをお願いしました。

ゴールデンウイークには、隆くんが大阪から夜行バスで東京まで遊びに来ました。なんと連休の十一日間、隆くんはずっとわが家に滞在《たいざい》。やさしくて、おもしろい人柄に惹《ひ》かれ、「この人とだったら、一緒にやっていけるかもしれないな」と思いました。

「一人で歩いたら大変だけど、二人で歩いたら楽しいよ」

あるとき、隆くんは、私と一緒にいるときにタクシー代をケチったことがあります。

「僕、大阪人やし、お金もったいないから、これくらい歩こうよ」

「いやいや、これはタクシーの距離だよ」
「いや、一人で歩いたら大変だけど、二人で歩いたら楽しいよ」

このひと言が、「隆くんと結婚したら、おもしろいかもな！」という決め手になりました。そのとき歩いた時間は約四十分。走り込みに慣れているボクサーにとっては苦《く》ではないかもしれませんが、女子にとってはけっこうな距離です。その距離を歩き始めるときに、「二人で歩いたら楽しいよ」と言える明るさが、私の人生をおもしろいものにしてくれると思いました。

なにしろ私は林家ライス・カレー子の娘です。あまりにもおもしろすぎる両親に囲まれて育った私には、きっと「おもしろい人じゃないとつまらない」という考え方がインプットされているのでしょう。

隆くんのお母さま（国重礼子）とお話ししたときには、「ウチの子は貯金もないし、大変だよ。それでも結婚していいの？　本当に大丈夫なの？」と、私のことを心配してくださいました。

私は明るく、こう言いました。

「大丈夫です。私は貯金通帳と結婚するんじゃありません。隆くんの中にダイヤモンドがあるから結婚するんです」

　こうして私たちは二〇〇八年十二月二十七日に入籍し、二十八日に結婚式を挙《あ》げました。

結婚式（2008年12月28日　東京ドームホテル）

夫・隆くんのケチ伝説

隆くんの倹約《けんやく》ぶりは筋金《すじがね》入りです。

大阪へ遊びに行ったとき、「まるちゃん、お茶飲みに行こ」と言うので「うん、行こう」と言うと、隆くんは自動販売機のほうへ向かって歩いていきました。また、あるときは「食後のコーヒー飲みに行こ」と、無料でコーヒーをいただける仏壇屋さんに連れて行かれたことも……。

父にその話を聞かせたら、「うーん、そのくらいの人じゃなきゃダメだ。立派だ！」と喜んでいたものです。こういう飾らないところを、父はすごく買うのです。「ウチの娘に喫茶店のお茶も飲ませないのか！」なんて怒ったりしません。

また、私が「レストランや居酒屋って、ドリンクで儲《もう》けが出ているの、知ってる？　お店を経営している友だちが『最近のお客さんはドリンクを頼んでくれないんだよね』と嘆《なげ》いてたよ。お店のためにも飲み物を頼んであげなきゃ」と言うと、隆くんは「頼めへん。水をジョッキでください」なんて言うのです。

お正月にデパ地下で試食して、商品の良さを納得したうえで買ったときにも、隆くんは帰り際《ぎわ》にこう言ったのです。

「まるちゃん、さっきのアレ、買ったの？」

「買ったよ」

「返してきい！　必要ないでしょ」

十個八百円のイワシハンバーグを返してこいと言うのです。ボクサーの彼のことを思って、体にいいと思って買ったのに……（涙）。

「試食して『じゃあ』って帰らないとあかん。毎回買ってたら、僕これからやっていかれへんわ」

デパ地下に出かけると、隆くんは「買ったら負け」と勝負師の心になるようで、こんなやりとりもありました。

「この伊達巻《だてまき》おいしいね。いくらしたの？」

「千五百円」

「え？　この値段は正月だからって調子乗ってるわ。これからは買わんといてな。でも、伊達巻は好きやで」

めずらしく買い物をしていると思ったら、お店でも値切《ねぎ》って、値切って、最後に「原価はいくら？」なんて平気で訊くこともあります。

ほかにも、隆くんの倹約ぶりは徹底しています。

大阪城公園に行ったときのこと。私が「大阪城（の天守閣《てんしゅかく》）に登りたい」と言ったら、「中入るとお金かかんねん。下から眺《なが》めよう」と笑顔で言われ、二人で見上げたことがありました。

大阪城の天守閣を見上げる（2008年8月）

あれから十数年。いまだに私は大阪城からの景色を見たことがありません。また、ダウンジャケットの隙間《すきま》から羽が抜けてくると、普通はピッと引っ張って抜いて捨てちゃうものですが、隆くんは私が羽を抜こうとすると「もったいない！」と言って一生懸命、中に押しこもうとするのです。こういう人と一緒にいると、常識はずれのおもしろいこと続きで笑いが絶《た》えません。

婦女暴行の現行犯を逮捕

私たちが付き合い始めて半年ほど経《た》ったころ、大阪で突拍子《とっぴょうし》もない出来事が起こりました。

隆くんが兄の徹くんと実家に一緒にいたとき、深夜に「キャー！」と女性の声が聞こえたそうです。声がしたほうに二人が走っていくと、男が女の子の服を破《やぶ》って襲《おそ》いかかろうとしているところでした。

女の子を助けた隆くんは「僕はこの子を確保する！　お兄ちゃん、走って！」と犯人が逃《に》げた方向を指差したそうです（プロボクサーは人を殴《なぐ》るとライセンスが停止されてしまうので、本能的にそのことを恐《おそ》れたのかもしれません）。

すると、なぜかゴム草履《ぞうり》を履《は》いた弁護士（当時）の徹くんが犯人を追いかけて捕《つか》まえ、その男は現行犯で逮捕されました。これがスポーツ紙で大きなニュースになったのです。ちなみに、「婦女暴行」と「国重隆」というスポーツ紙の見出しだけ見たボクサーの後輩は一瞬、「あちゃ〜！国重さん、やっちゃった！」と思ったそうです。これも笑える話ですよね。

世界ランカー兄と共闘
婦女暴行犯を捕まえた

WBCライトフライ級9位国重隆

プロボクシングWBC世界ライトフライ級9位の国重隆(31)＝大阪帝拳＝が婦女暴行犯を取り押さえるお手柄を演じていたことが19日、分かった。

国重によると、18日午前1時40分ごろ、大阪市生野区の自宅で兄で弁護士の徹さん(32)といたところ、自宅近くの道路を、自転車で通りがかった女性の悲鳴が聞こえてきた。悲鳴があまりにも長く続いたため、徹さんとともに外に出た。国重は、女性を保護。女性を襲っていた男は、兄弟に気づいて逃走したが、徹さんが犯人を追走して取り押さえた。女性の無事を確認すると、兄弟で犯人の両脇を抱えて、大阪・生野警察署に連行した。国重は「擦り傷と服が破れた以外、被害女性に被害がなかったので良かった」と話している。

◆国重隆（くにしげ・たかし）1976年4月22日、大阪市生野区生まれ。31歳。関西創価高では剣道部に所属し、2段の腕前。創価大学でボクシングを始め、アマ戦績は9勝2敗。卒業後に大阪帝拳ジム入り。02年にライトフライ級全日本新人王。プロ戦績は18勝2KO2敗。164チセンの左ボクサー。独身。

スポーツ報知に掲載された国重兄弟の活躍（2007年7月20日付）

収入はファイトマネー

私が長年、お世話になっている方に結婚の報告に行き、初めて隆くんを紹介したときのことです。その方はまったく悪気《わるぎ》はないのですが、帰り際に、「ボクサーかぁ」とつぶやきながら去りました。

帰りに駅のホームで二人で電車を待っていると、隆くんが上を向いています。「どうしたのかな？」と思って見ると、「見んといてや」と言ってあふれる涙を堪《こら》えていました。

「あの人はまるちゃんのことが大事やから、結婚相手がボクサーと知ってがっかりしてんねん。僕がどんな思いでボクシング続けているかも知らへんのに……」といって涙を拭《ふ》いています。

「あぁ、この人はいろいろな思いを抱《かか》えてボクシングをしているんだな」と感じると同時に、隆くんと父・ライスの共通点は、二人とも一生懸命に命がけで生きていることだなとの思いに至《いた》りました。やはり、娘は不思議と父親に似た人を好きになるんですね。

子どものとき、両親の不安定な収入が不安で、「将来、結婚する人は絶対に継続して安定収入の得られる公務員がいいな」とずっと思っていました。

しかし、結婚した相手はファイトマネーで生きているプロボクサーの隆くんでした。世界タイトルマッチに向け、ボクシング一本でがんばっていた隆くん。結婚するとき、「無職《むしょく》の人との結婚なんて応援できない」と心配する友だちに、「プロボクサーは職業です！」と言い返してみたものの、殴って殴られ、鼻血出して赤字。プロと名はついているけれど……それだけでは食べていけません。

当初、隆くんから、「まるちゃんのどんぶり勘定《かんじょう》、イヤやわ」と言われましたが、「いやいやいやいやいや。どんぶり勘定だからボクサーと結婚できたんでしょ。計算してたらできないよ」と、心の中で思ったりしていました。

昼はヘルパー、夜はボクサー

二〇〇八年末に結婚した私たち夫婦は、最初の一年半は大阪と東京の遠距離結婚でした。隆くんが所属しているのは大阪帝拳ボクシングジムです。私は東京を基盤に仕事をしていますから、すぐに大阪へ引っ越すわけにはいきません。

その様子を見かねた大阪帝拳の会長が「夫婦がバラバラに暮らしているのは大変でしょう」と心配してくださり、隆くんは東京のワタナベボクシングジムへ移籍することが決まりました。こうして二〇一〇年五月から、私たちは東京で一緒に暮らし始めたのです。

隆くんの引っ越しは、わずか五～六個の段ボール箱が送られてきて完了。東京に来てしばらくすると、看護師の友だちが、「うちの病院でヘルパーを募集しているけど、国重くん、どう?」と声をかけてくれました。早速、彼はホームヘルパー二級の資格を取り、療養型《りょうようがた》病院で介護ヘルパーとして働くことになりました。夜勤のときは一晩に一人で三十～四十人のオムツを替える大変な仕事です。ただひたすら、一日中オムツ替え。最初は、世界ランカーのプライドが邪魔《じゃま》をしました。

でも「利用者の皆さんにとっては、上手《じょうず》に介護してくれたほうがいいに決まってる」と思い直してがんばり抜き、その仕事を四年間続けました。あれは本当にえらかったと、尊敬する毎日でした。

元プロボクサー、教壇に立つ

介護ヘルパーの仕事をしているうちに、隆くんの中で、子どものころの夢だった「小学校の先生になりたい」という思いが頭をもたげてきたようです。

そこで、四年間のうち後半の二年間は、ボクサー・ヘルパー・通信教育の受講生という三足のわらじでがんばりました。努力家の彼は四十歳を目前にして通信教育で勉強しながら、ついに小学校の教員免許を取得。未経験だったピアノも一生懸命に練習していた姿には頭が下がりました。そして、大阪市の教員採用試験に、なんと一発で合格してしまったのです。受かったと聞いたときには、本当にびっくりしてしまいました。

しかし、私が東京で仕事をしていたため動くことができず、さまざま悩んだ揚《あ》げ句《く》、東京で私立中学校の保健体育の支援を三年間務めた後、現在は都内の公立小学校に勤めています。

彼は、全日本新人王、日本ランキング一位、東洋太平洋ランキング一位、WBC（世界ボクシング評議会）ミニマム級で世界四位の結果を残し、二〇〇八年、メキシコでの世界タイトルマッチも経験しました。ちなみに世界タイトルマッチ決定の記者会見の日は、隆くんの妹・和恵ちゃんの十三回忌の日でした。ずっと応援していてくれるんだなと、兄妹愛を感じる出来事でした。

隆くんは、日本タイトルマッチに四回挑戦するも四回とも惜敗《せきはい》。二回は勝っていたのに、相手選手のまぶたカットで試合がストップとなり、負傷ドローで防衛《ぼうえい》されてしまいました。三回目はノックダウンを取ったのに、とどめを刺《さ》さず復活され、判定で防衛されてしまったのです。悔《くや》しい思いを抱え、プロボクサーの定年である三十七歳まで戦い抜いて引退した彼に、親友から「人生のチャンピオンベルト」が贈られました。

「試合に負けても、人生で勝て」

親友からの最大の激励に夫婦で涙しました。

WBC世界タイトルマッチまで戦った現役の小学校の先生は、日本じゅう探してもそう多くはいないでしょう。そんな先生が発《はっ》する言葉は、子どもたちに大きな刺激を与えるはずです。未来を担《にな》う子どもたちを育てる尊い仕事に、彼は今日も全力で邁進《まいしん》しています。

あれ？　気づけば公務員！　私が小さいときに願った「公務員と結婚したい！」という夢が、気づかないうちに叶《かな》っていました。家族のためにがんばってくれた隆くんに心から感謝です。ありがとう。

隆くんの親友が贈ってくれたチャンピオンベルト

流産で第一子を失う

私が夫の隆くんと結婚したのは三十六歳のときです。

それから一年半後に妊娠し、小さな命を授《さず》かりました。出産予定日が十一月十八日に決まり「やった！」と喜んでいたら、流産《りゅうざん》してしまいました。

それまで産婦人科に通《かよ》うたび、お花畑で笑っているようなルンルンした気分だったのですが、いざ自分が流産した瞬間、「ここは幸せな人だけがいる場所じゃないんだ」と初めて気づき、真っ暗なステージで一人だけスポットライトが当てられた悲劇のヒロインのような絶望的な気分に陥《おちい》り、涙があふれ出ました。

人生の師匠に報告したところ、すぐにご夫妻から温かい励ましをいただきました。そして、自分なりにいろいろと考えているうちに、「いまはまだ生まれてこないほうがよかったのかもしれない。親孝行な赤ちゃんは、きっとそのことを事前に察《さっ》して『お母さん、ちょっと忘れものをしてきちゃったから、一度帰るね』と戻っていったのかもしれない」――そんなふうに思えるようになり、だんだんと気持ちの整理がつきました。やがて、「これでよかったんだ」と、立ち直ることができたのです。

その後、二度目の妊娠で命を授かり、二〇一二年八月二十四日、三十九歳八カ月のときに娘の心斗《こと》乃《の》を無事に出産しました。心斗乃の命名《めいめい》の由来《ゆらい》は、人生の師匠の書物にあった「戦う心が健康と幸福の鍵《かぎ》」との一文から「戦う（斗う）心」を抱《いだ》いて生きていってもらいたいという願いを込《こ》めました。

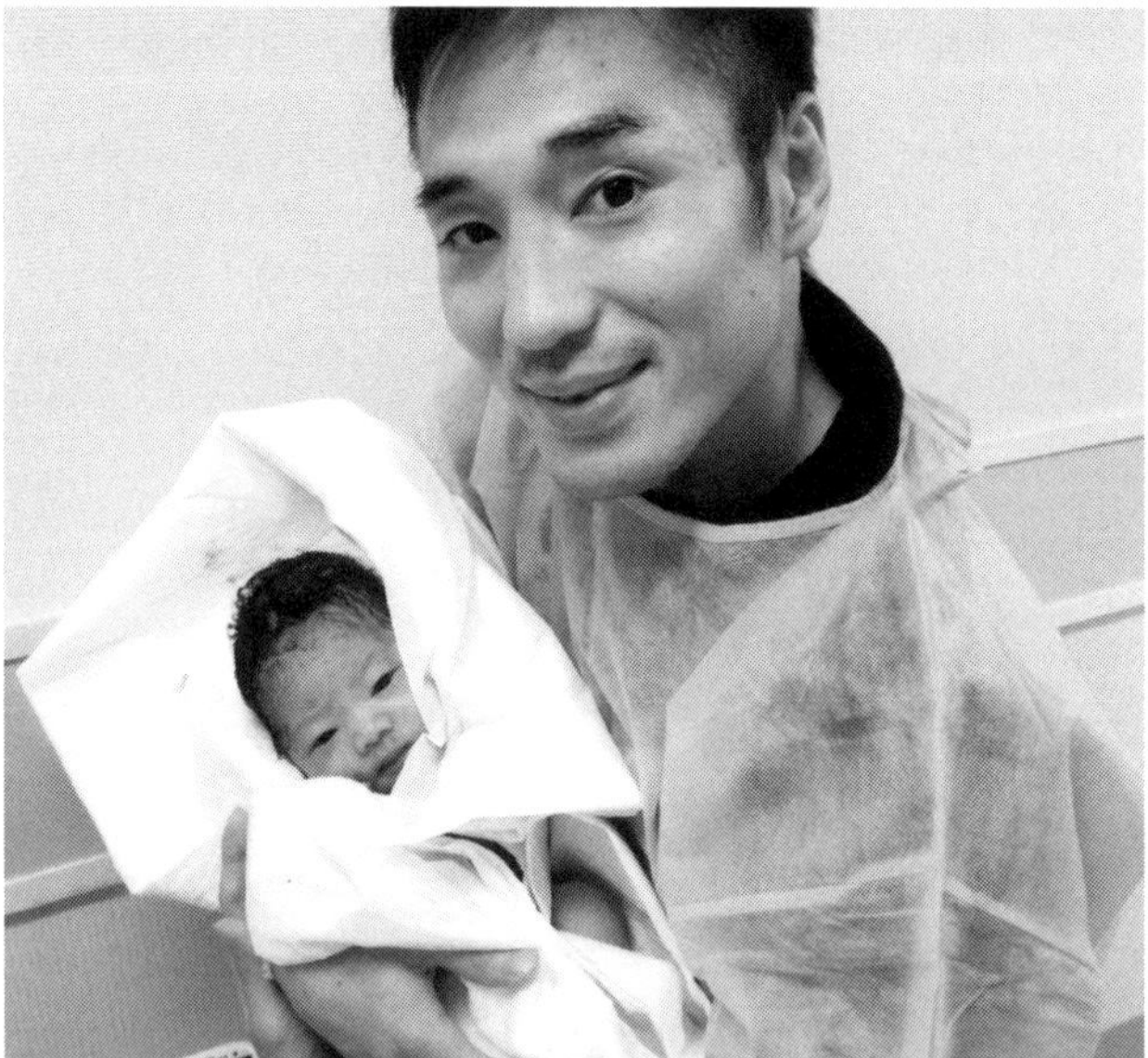

生まれたばかりのこっちゃんと新米パパの隆くん（2012年8月24日）

いま思い返すと、亡くなった第一子はモニターに映ってもボヤ～ッとしていて、まるで蜃気楼《しんきろう》のようでした。でも、こっちゃんを妊娠したときは、小さなころからピョンピョン跳《と》びはねて元気でした。きっとこっちゃんは、亡くなった第一子の分まで「早く元気に生まれたい！」と喜んでいたのだと思います。

こっちゃんが成長するにつれ、私たち夫婦は〝こっちゃんのきょうだいを授かりたい〟と願うようになりました。ところが、私はその後、三回連続で流産してしまったのです。

「亡くなっていった四人の子どもたちの存在は、私たち家族にとって、どんな意味があるんだろう？」とずっと思っていました。

人生を切り拓く受験への挑戦

みんなの愛情をたっぷり受け、こっちゃんはすくすくと育っていきました。

そして、保育園の年長さんになるころには、私たち家族は「こっちゃんの小学校受験」という大きな目標に向かって挑戦を始めたのです。

それは、一人っ子のこっちゃんを小・中・高・大と十六年間、兄弟姉妹のような生涯の絆《きずな》が築ける学校に通《かよ》わせたいとの強い思いがありました。宝《たから》のお友だちがそばにいてくれたら、両親が亡くなった後も支えてもらえるのではないかと、そこまで考えました。

でも、受験に向けた日々がすべて順風満帆《じゅんぷうまんぱん》だったわけではありません。

周囲からのあふれるほどの愛情を受けて成長したこっちゃん

合格を目指して一年間がんばってきたのに、なんと受験日と保育園最後の遠足が同じ日に重なってしまったのです。

遠足を楽しみにしていたこっちゃんは、さすがに落ちこんでシクシク泣いていました。

「好きなほうを選んでいいからね」

私は選択を託《たく》し、ひたすら祈りました。こっちゃんは悲壮な決意で受験することを決め、遠足を泣く泣くあきらめました。そして、遠足の話題で盛り上がる保育園を一週間、休ませました。

受験日の朝には、私たち夫婦の友人で、こっちゃんも大好きな横山だいすけお兄さんから「がんばってね」とLINE《ライン》で励ましの動画が届いたのです。

「ヤッホ〜イ! がんばるぞ!」と家族三人で元気に出かけたところ、駅のエスカレーターを上がった目の前に保育園のみんなが勢《せい》ぞろい。タイミング悪く、楽しい遠足に出かけるみんなと鉢合《はちあ》わせしてしまったのです! 私は初めて、「天を仰《あお》ぐ」とはこういうことなんだと、膝《ひざ》から崩れ落ちそうになりました。まさに顔面蒼白《がんめんそうはく》。

「こっちゃ〜ん、がんばってね〜！」と、ホームの向こうからみんなが応援してくれました。

しかし、みんなと別れて電車に乗った瞬間、こっちゃんは肩を震《ふる》わせ、ポロポロ泣き始めました。

「動物園に行きたかった……」

一度固まった決意が揺《ゆ》らいでしまったのです。小学校の最寄駅《もよりえき》のホームに着いても、こっちゃんは泣きじゃくっていて、とても歩ける状態ではありませんでした。

すると、パパは「じゃあ、動物園に行くか？」と、いまいちばん言っちゃいけない言葉を発し、私をどん底に突き落としました。入学試験のゴングが鳴る前に、試合は不戦敗《ふせんぱい》に終わってしまうのか？　緊迫《きんぱく》した局面を迎え、私の胸は張り裂《さ》けそうでした。

気を取り直して、だいすけお兄さんの動画を見ながら呼吸を整《ととの》えると、こっちゃんは再び試合のリングに上がる決意を固めました。そして、こっちゃんから、「よし！　みんなで円陣《えんじん》を組もう！」と提案され、私たち家族三人は駅のホームでスクラムを組んだのです。

「チーム国重、行くぞ！　おー！」

この瞬間、スイッチをバチンと切り替えたこっちゃんは、見違えるように意気揚々《いきようよう》と改札を抜け、小学校に向かって歩いていきました。わずか六歳の女の子が、自分の人生を切り拓《ひら》く戦いに挑《いど》んだのです。

私の宝物・こっちゃん

入学試験では、親の面接もありました。

「お母さんはなぜ、娘さんをこの学校に入れたいと思われたのですか？」

「私は四回の流産を経験しました。四回も流産して、この子だけが生まれてくれたのです。この子は私の宝《たから》です。この子に残せる最高の財産は教育だと思って、受験を決めました」

私は流産した子どもたちの存在を全身全霊《ぜんしんぜんれい》で訴《うった》えました。この日、四人のきょうだいたちは、こっちゃんを合格させるために活躍してくれたように思えました。

子どもが無事生まれるということは、奇跡にほかなりません。私のような高齢出産ともなると、リスクはますます高くなります。そんな中、こっちゃんは奇跡に奇跡を重ねてこの世に生まれてきてくれました。そして、受験を勝ち抜いて、世界一の学び舎《や》に合格してくれたのです。

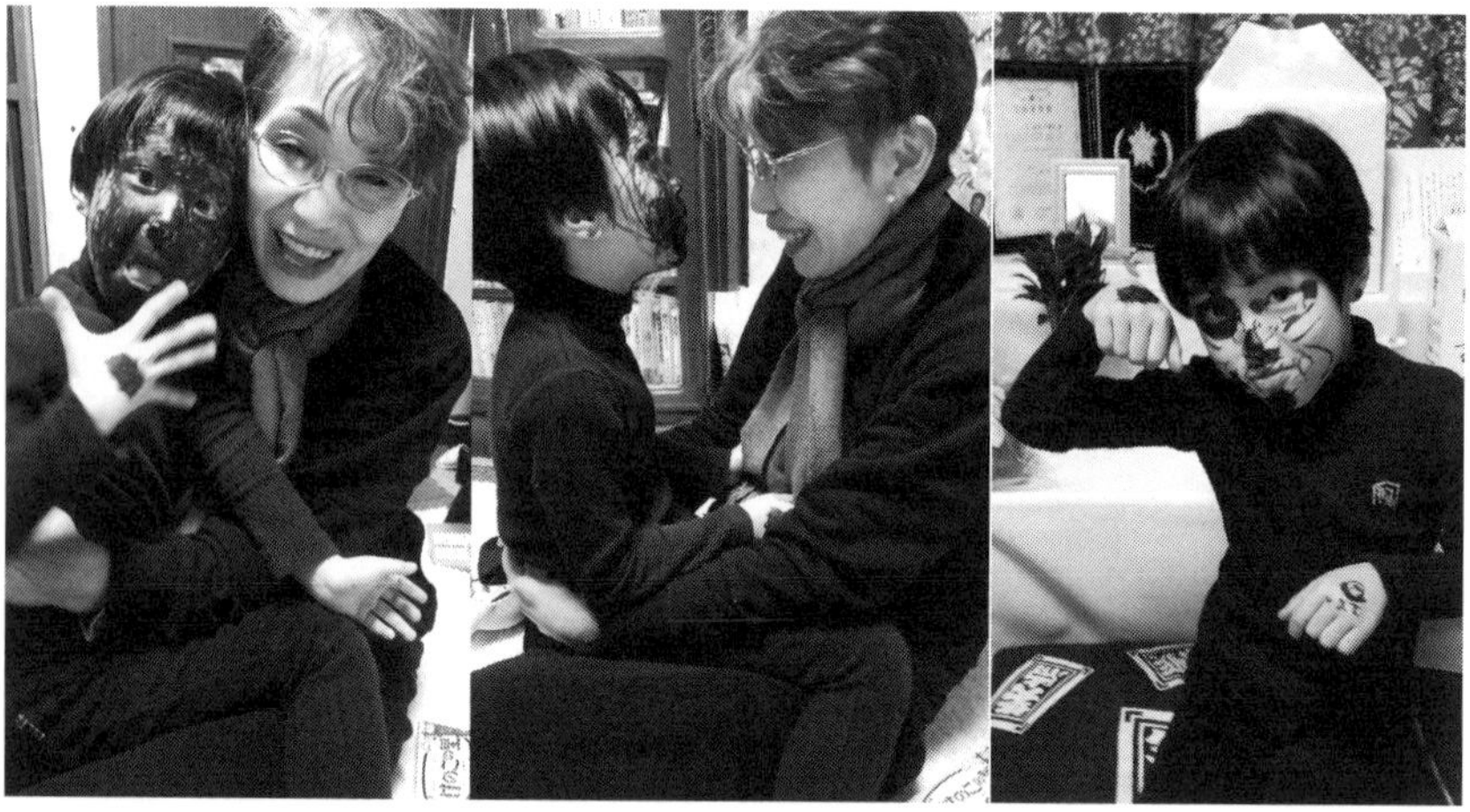

告別式の夜。突然、ジィジ（ライス）を亡くし、笑顔がなくなってしまったバァバ（カレー子）を笑わせようと、私のメイク道具で顔を真っ黒にしておどけ始めたこっちゃん。このとき、母は父が亡くなってから初めて、声を出して笑うことができた

こっちゃんを見ていると、私の父・ライスに似ていてビックリすることがあります。ライスはとにかく人を喜ばせるのが大好きなホスピタリティ（おもてなしの心）の塊《かたまり》でした。こっちゃんもまた「人を喜ばせ、人を笑顔にしたい」という強い思いをもっています。

ライスの芸人魂《だましい》は、こっちゃんの中でたしかに生きているのです。

まる子・セカンドステージがスタート

こっちゃんが生まれて育児生活に入ってから、タレント・林家まる子は一度消えました。私は林家まる子ではなく、普通の主婦・国重一斗衣《いとえ》に戻ったのです。

朝から晩まで料理や洗い物、掃除に洗濯、ごみ出しをやっているうちに、毎日が終わっていきます。でも、母として、妻として家族に尽《つ》くしていく人生とは別に、芸能界でやり残した仕事を、どうにかしてつかみたい。そう強く、強く思っていました。

そんなとき、亡くなった父からのバトンを受けて「林家まる子・カレー子」のコンビが誕生し、私にとってのセカンドステージがスタートしました。両親の座右《ざゆう》の銘《めい》は「練習百回より本番一回」でした。仕事の現場へ臨むたびに、新しいネタを一個は加えて笑いをアップデートしていく。そうやって日々試行錯誤《しこうさくご》しながら、ネタを磨《みが》いていました。

母・カレー子は二〇〇五年に環境省から「環境カウンセラー」に認定され、長年「環境漫才」に取り組んできたキャリアがあります。

私も、母とのコンビ結成と同時に猛勉強を重ね、一八年十二月に防災士の資格を取得。その後、母も防災士の資格を取得し、「まる子・カレー子」として「防災漫才」をスタートさせ、一歩前進することができました。

防災士という資格が創設されるきっかけは、一九九五年一月に発生した阪《はん》神《しん》・淡路《あわじ》大震災です。

「大災害が発生したときには、行政の力だけではとても復旧《ふっきゅう》・復興《ふっこう》は立ちゆかない。市民の中でリーダーを育てる必要がある」――そうした理念から、防災士という資格が生まれました。「助けられる側《がわ》」から「助ける側」に回る人を増やしていけば、社会の底力は確実に強くなります。防災士の存在は、災害に負けない防災都市をつくる根っこになっていくのです。

ただ笑ってもらうだけでは、人々の間に哲学は根づきませんが、私たちには「しゃべり」という強い武器があります。その武器を使って環境、防災、ＳＤＧｓ※の最新の知識を加えて、笑いながら学び、〝自分も何か行動してみよう〟と思える、そんな漫才を母と一緒に続けていきたいと思っています。

これからの日本社会は、四人に三人が高齢者という超高齢社会に突入《とつにゅう》します。母・カレー子は七十代の年を一歳ずつ重ね、私もこれから五十代、六十代と年を重ねていくわけです。これは、「まる子・カレー子」の需要《じゅよう》がこれからますます高まる証《あか》しでもあります。

女性という立場だからこそ皮膚感覚でわかる家庭や介護・子育ての悩みを笑い飛ばして皆さんに笑顔をお届けしていく。それが「林家まる子・カレー子」の目標です。

※SDGs（持続可能な開発目標）とは、2015年9月の国連サミットで決められた国際社会共通の目標で、2030年までに達成すべき17の目標と169のターゲットが定められている

「防災ソング」の誕生

二〇一九年九月一日の「防災の日」に「まるちゃん＋こっちゃん」という二人のユニットも誕生しました。二人のコンビによる新曲「防災ソング 今すぐはじめよう」をリリースできたのです。

この曲は南早苗さんが作詞、Def《デフ》 Tech《テック》のMicro《マイクロ》さんとシンガー・ソングライターのMINMI《ミンミ》さんが作曲してくださいました。プロのミュージシャンが制作陣に参加してのレコーディング・CD制作ですから、相当な費用を覚悟しな

防災ソング「今すぐはじめよう」のレコーディングスタジオで、
Micro さんとともに

こちらのQRコード
から視聴できます！

くてはなりません。「これを自腹《じばら》で払《はら》えるかな」と心配していたところ、私が所属するマセキ芸能社が、「まる子に可能性を感じた！」と太鼓判《たいこばん》を押してくださり、制作費を負担してくれました。本当にいい事務所です！

こうして皆さんに助けられながら、一つひとつ夢を実現することができ、私の人生は感謝、感謝、報恩感謝でつながっています。

これからも　みんなで仲良くにぎやかに

父・ライスが亡くなって二年。母・カレー子は一人暮らしでがんばってきました。しかし、二〇一九年十二月。突然、「全身神経痛」という病《やまい》に襲われ、日常生活に支障が出てきてしまったのです。

母は元気がトレードマークで、病院にかかったことなどありませんでした。ところが、「全身が痛い。腕がついているだけで痛い。寝返りも打てない。私も二月には死んじゃう気がする……」と体の痛みが心まで疲弊《ひへい》させていました。夜中にベッドから落ちて、起き上がることができなかったとも……。母の弱音《よわね》を聞くなんて生まれて初めてです。電話越《ご》しの声は弱々しく涙声でした。

「ライちゃんとか、死んだ母《かあ》ちゃんとか、父《とう》ちゃんとか夢に出てくるし、気づくと、ボーッと写真、眺めちゃってるんだよね」

強い痛み止めもだんだん効かなくなってきていました。

「まずい。このままじゃ、本当に死んじゃうかも」と思うほどでした。漫才の仕事のときだけは気力で何とかできるのですが、毎年欠かさない年賀状も、今回ばかりは一枚も出せないくらい深刻な状態。母の家に行ってみると、家事もできていない状況でした。「お母さん、二年間踏《ふ》んばってきたけど、ここが限界かな」と思い、弟・勝丸と「この先、どうやって母を支えていこうか」と話し合いました。

そんなとき、わが家は長年の関西仕込《じこ》みの倹約の成果として、家を持つことができたのです。さらに、隆くんが「お義母《かあ》さん、同居したらどうかな？」と提案してくれ、二〇二〇年春から新居で同居することになりました。

私が仕事のときも、バァバが家にいてくれたら、こっちゃんが喜びます。共働きのわが家では家事を手伝ってもらえて助かります。何より、いままで離れて暮らしていたために、なかなかできなかった母娘漫才のネタ合わせやネタ作りも、これからは毎日、二人ですることができます。

父・ライスの一周忌に「環境大臣賞」が決定し、三回忌には「同居」が決定。「大切なカレー子ちゃんが幸せになるように」と、父が空から見守っていてくれている、夫婦の絆は死してなお、つながっている――そんな父の大きな愛を感じました。

きっとここから、母も元気になって復活してくれると思っています。そして、思いやりのある隆くんと結婚できて本当によかったと、心で涙しました。

結婚して十二年。そりゃ、いろいろありました。けどチャラです（笑）。

いまは感謝の言葉しかありません。本当にありがとう。これからも仲良く支え合っていこうね。

あとがきにかえて

二〇一九年四月。母の「環境大臣賞受賞記念祝賀会」が浅草ビューホテルで行われました。その席で鳳《おおとり》書院《しょいん》の大島光明社長から、「来年、まるちゃんの本を出版します！　タイトルも募集します！」といきなり花火が打ち上がり、司会席にいた私がビックリしました。夢のようなお話です。

あれから一年――。鳳書院さんのホームページをはじめ、私のＳＮＳ、皆さまの口コミなどを通じて、たくさんの方々からタイトル案のご応募をいただきましたことに心から感謝申し上げます。

タイトルを一つひとつありがたく拝見し、侃々《かんかん》諤々《がくがく》と議論・検討を重ねた結果、高平《たかひら》哲郎《てつお》さまと嶋田《しまだ》義詮《よしのり》さまの「カレーなる一族」を採用させていただきました。偶然にも、同じタイトルをお寄せいただいた方がお二人いらしたことも驚きでした。

ご応募いただいた皆さま、本当にありがとうございました。感謝の気持ちを込《こ》めて、皆さまのお名前を掲載させていただきました。

◇　◇

ちなみに、私の得意料理もカレーライス。

かつて、香辛料《こうしんりょう》をいろいろ工夫して、最後に月桂樹《げっけいじゅ》（ローリエ）の葉を入れて煮込んでいたときのこと。

環境大臣賞受賞記念祝賀会（2019年4月23日　浅草ビューホテル）

「おいしそうなカレーライスだね！」と、うれしそうに鍋《なべ》からよそっていた父・ライスの顔が鬼《おに》のように変わりました。

「だれだ〜！　カレーに仏壇《ぶつだん》のシキミを入れたのは〜！」

◇　◇

二〇一八年二月二十四日、最愛の父が突然、旅立ちました。

いつも日本全国に旅に出かけていたので、「まだ旅から帰ってこないな〜」という感じもあります。「カレー子ちゃん！　ただいま〜。やっぱり家《うち》が最高だな〜」と、いまでも帰ってきそうです。

肉体が消滅しても厳然と残っているもの。それは父が残してくれた心なのだと思います。それは、「人を大切にしたら、人に恵まれる」という生き方でした。

父との最後の会話は亡くなる二日前。近所の市民会館で人気芸人さんのワンマンライブがあるので「一緒に行こう」と言っていたのですが、私の都合が悪くなり、キャンセルの電話を父にしたときです。

「その芸人さんとは面識《めんしき》があるのかい。恩はあるのかい」と聞かれました。「いや、一方的にファンなだけで、面識はない」と伝えると、「そうか。だったらまた今度でいいね。でも、もし恩がある人の舞台だったら、無理してでも行かなきゃいけないよ。義理を欠《か》いちゃいけないよ」と。

父は祝儀《しゅうぎ》不祝儀を欠かさない人でした。

「ライスさんはどの葬式にもいるよね」とほめてくれた先輩もいました。

父は仕事に対する姿勢も真摯《しんし》でした。とにかく、父は遅刻したことがないのです。現場にはいつも二時間前に入ります。本当に時間にうるさい。待ち合わせの相手が一秒でも遅れたら帰ってしまいます。

あるとき、高速道路が大渋滞《じゅうたい》で、仕事の時間に遅刻しそうだと感じた父がなんと、車から降りようとし、「ここは高速道路だから!」とみんなで羽交《はが》い締《じ》めにしたこともありました。

芸人として生きていく者の緊張感。「時間に遅れてはいけない」「病気で休んではいけない」と、父から無言のうちに叩《たた》き込まれました。

ヌード劇場の前座をしていた父が、環境問題を扱う社会派漫才師となり、NHKのニュースでも紹介されました。

「エロジジーからエコロジー」

それは父が生涯をかけて見せてくれた人間革命の姿でした。

◇　◇

そうそう、父が亡くなる二週間前。お世話になった方のお葬式にライス・カレー子・まる子・勝丸の家族四人で参列しました。

帰りの車の中はカレーなる一族のオリジナルメンバー四人。普段、なかなか集まれない家族四人が今世《こんぜ》で最後、集まれたのです。そこでの話題はお墓のことに……。

「うちって、墓ない家族だよね。お墓どうするの？　ぼちぼち考えようか」と私が切り出すと、母・カレー子が「榛名山《はるなさん》の麓《ふもと》にすてきな公園墓地（群馬県）があるから、そこでどう？」と、故郷・長野県に近い墓苑を提案。「そこがいいね」と即決しました。なんか、いま考えると、準備がどんどん整っていった感じです。

亡くなる四日前には、念願の孫娘・こっちゃんとのバス旅行が実現。

亡くなる三日前には、ねぎしのおかみさんのところに「沖縄のお土産《みやげ》はなにがいいですか」と、ご挨拶《あいさつ》にうかがい、美味《おい》しいお酒をごちそうしていただきます。

亡くなる二日前にはエコクッキングの社会参加。葬儀社のお仕事をされている会長の松川幸弘さんに、「僕に何かあったらよろしくお願いしますね」と予約完了。私が危篤《きとく》の連絡を受けて病室に駆けつけたときには、先に松川さんが到着されていました。

「あれ？　松川さん、ちょっと早くない？（笑）」

一緒に看取《みと》ってくださいました。

亡くなる前日は、翌年の「環境寄席」の会場予約を済ませ、武蔵野市老人会の芸能祭に参加。お世話になった地元の皆さまにご挨拶できました。そしてその帰り、理髪店《りはってん》に寄って散髪《さんぱつ》。髪型を栗みたいにきれいにセットし、ひげも丁寧《ていねい》に剃《そ》っていただきました。

湯上《ゆあ》がりみたいなピカピカの顔をして上機嫌《じょうきげん》で帰宅。そして、大好きな天丼《てんどん》を食べ、清酒「晴れ舞台」を飲み干《ほ》し、生まれて初めての沖縄に胸躍《おど》らせながら就寝。沖縄を飛び越えて、霊山《りょうぜん》まで飛んで逝《い》ってしまいました。おっちょこちょいです。沖縄行きの飛行機には乗れませんでしたが、「沖縄タイムス」に訃報《ふほう》が載りました。

父は生前、新聞の訃報欄をチェックするのが日課でした。そして、いつも

父が最後に飲み終えた日本酒「晴れ舞台」。コープのパック酒というところも、父らしい!?

母に言っていました。

「訃報欄に名前が載るというのはすごいことなんだよ。しかも、顔写真入りとなれば、これは芸人の勲章《くんしょう》なんだよ」

父の訃報は産経、朝日、毎日、そのほか地方紙に顔写真入りで掲載されました。とくにメジャーな芸人ではなく、本当に地味な庶民の芸人なのに……。本当にありがたいことです。きっと本人がいちばん喜んでいます。

◇　◇

そして、葬儀の準備が進む中、私や勝丸《かつまる》が仕事でいない時間に母・カレー子を支えて来客対応をし、ひたすらお茶出しをしてくれていたのは、私の夫・隆くんと、元お弟子の林家らっきょくんでした。この二人の陰の支えなくしては難局を乗り越えることができませんでした。心から感謝しています。

とくに、らっきょくんは、ナイツの塙宣之《はなわのぶゆき》くんの大学の後輩で、塙くんの推薦でライスの弟子となり、十年もの間、尽《つ》くしてくださいました。現在は、サラリーマンなのに、危篤の報を受けて駆けつけてくれ、数日間、泊《と》まりがけでお手伝いしてくださいました。父を「師匠」と慕《した》ってくださり、心から感謝しています。

父が亡くなった晩。本当にありがとうございました。父の古いアルバムを見ながららっきょくんと語り合っていました。そのアルバムには父が前座時代に女の子からフラレた手紙が何枚もスクラップされていたのですが、それがもう辛辣《しんらつ》で、二人で大爆笑。

「死んでもなお、笑わせてくれるんですね。ライス師匠ってすごいですね！」

こう言って、しんみりお酒を飲《の》むらっきょくんなのでした。

また、父が逝った後、憔悴《しょうすい》する母・カレー子のことを近所の皆さんが真心で支えてくださいました。このご恩は生涯、忘れることはできません。

母とともに、「人が財産だね。それしかないね。ありがたいね」と、感謝の思いでいっぱいです。

◇　◇

「結末が幸福なら喜劇、結末が不幸なら悲劇」

そんな言葉を聞いたことがあります。

父の人生は波瀾万丈《はらんばんじょう》で、泣くこともたくさんあったと思いますが、最後は笑って、「幸せだ、幸せだ」と連呼《れんこ》して旅立ちました。

父の人生は大喜劇で幕を閉《と》じました。エンディングテーマならぬ出棺《しゅっかん》の曲は、林家ライス・カレー子のデビュー曲「ママがんばって」で送りました。

「ママがんばって〜。ママがんばって〜♪」

ライスの声が葬儀場に響《ひび》きました。ライスの口癖《くちぐせ》を歌詞にしたこの歌、ぴったりすぎて泣き笑いでした。

「お父さんの人生は大勝利！　これ以上にいい逝《い》き方はない」と、家族全員が思えていることが本当に幸せなことだと思います。

◇　◇

両親の初めてのシングル「ママがんばって」と「HAPPY サンバ」。こちらの QR コードから２曲視聴できます！

勝丸は父の名前「勝丸」を大きくしたので親孝行できました。実際、「ぼっちゃんはすごいなぁ」と、父はいつも誇《ほこ》りにしていました。

私は親孝行できたのかな。小さいころは病弱で、二十代のときも病気になって、たくさん心配をかけました。

あるとき、「おじょうはお金がかかるなぁ」と愚痴《ぐち》を言ったので、「じゃあ、産まなきゃよかったじゃん！」と言い返してしまったことがありま

林家一門の旅行で家族そろって

した。「怒《おこ》られるかな？」と思っていたら、父は、「う～ん。お金かかっても楽しいからいいや！」と笑ってくれました。

亡くなる前月。父が長年、愛読していた月刊誌の新年号に、私のインタビュー記事が八ページにわたって掲載されたことを、父は泣きながら喜んでいたそうです。そして、自分のおこづかいから五十冊も買って、友人に配っていました。記事に載った浅草演芸ホールの前で撮っていただいた写真が父との最後の家族写真となりました。棺《ひつぎ》に眠る父の腕にはその月刊誌が抱かれていました。親孝行、私もできたかな。

◇　◇

火葬場《かそうば》につき、いよいよ最後のお別れです。顔は風呂上がりのようないい顔のままです。本当に焼くのがもったいないくらい。

棺を納めた部屋の扉が閉《し》まるとき、私は最後の言葉を届けました。

「お父さ～ん、ありがとう～。またね～」

永遠の別れではない、またすぐに会える。

「しばし疲れた体を休めて、また会おうね！」

そう心の底から思えました。家族になるというのは深い縁《えにし》がある永遠の絆《きずな》なのだと、胸にストンと落ちました。

火葬している間、親族はお茶を飲みながら、しばらくの時間を過ごします。そのときです。火葬場のスタッフの女性の方が声をかけてくださいました。

「あの〜、林家ライスさんのご家族ですか？　いま、焼き場に飾ってあるお写真を見て……。じつは私、三十年前にライスさんに結婚式の司会をしてもらったんです。あのときの結婚式、とっても楽しかったです。本当にありがとうございました」

こう言って、わざわざ挨拶に来られ、手を合わせてくださいました。晴れの門出に立ち会った方が、自分の門出に立ち会ってくださる。こんなことあるのですね。

父は全盛期、七つの結婚式場の専属司会者として活躍していました。その技術は門前《もんぜん》の小僧として、現在、私の婚礼司会へと受け継がれています。

いま、父は榛名山の麓にある、すてきな墓苑《ぼえん》で眠っています。

納骨《のうこつ》のとき。大のジィジっ子だったこっちゃんが突然、「私もジィジの骨がほしい！」と言い出し、分骨の手続きをしました。いまもこっちゃんは、かわいい巾着袋《きんちゃくぶくろ》に自分が選んだ小さな骨を一つ入れて大切にしています。

◇　◇

波瀾万丈の『カレーなる一族』を最後までお読みいただきまして、ありがとうございました。

林家ライスの葬儀にご参列いただいた延《の》べ八百人の方々、真心の供花・弔電をいただいた多くの方々。そのお一人お一人に直接、御礼のご挨拶を申し上げたいとの思いがまだ叶《かな》っておらず、心に残っております。この場をお借りいたしまして心から御礼申し上げます。本当にありがとうございました。

また、鳳書院の大島光明社長の諸天の加護ならぬ、書店の過保護をいただきまして、この本を出版することができました。鳳書院の皆さま、フリー編集者の朝川桂子さん、かかわってくださったすべての皆さまに、心から感謝申し上げます。
最後になりましたが、わが家族を半世紀にわたり見守ってくださっているおかみさんに心から御礼申し上げます。ありがとうございました。

令和二年二月二十四日　父・ライスの三回忌に

娘　林家まる子

プロフィール

1972年、東京都武蔵野市出身。両親は初代林家三平一門で夫婦漫才の林家ライス・カレー子。弟は太神楽曲芸師の翁家勝丸。

1993年、海老名香葉子氏に師事し、林家一門に入門。1994年、NHK現役くらぶ「人生これから」でデビュー。以来、イベントの司会や情報番組のレポーターとして活躍。2018年には母娘漫才コンビ「林家まる子・カレー子」を結成し、漫才を通じて環境や防災、防犯、福祉など、さまざまな社会問題への啓発を行っている。

2019年には、一人娘と共に「防災ソング 今すぐはじめよう」をリリース。いばらき大使。日光観光大使。防災士。